Brigitte Schmid-Gugler
Die Fuchsens

für Klaus,

herzlich!

B.

Brigitte Schmid-Gugler

Die Fuchsens

Eine Zeit- und Familiengeschichte um den Musiker Johannes Fuchs

Appenzeller Verlag

Er war kein Wolf
im Schafspelz.
Kein frommes
unter den Lämmern.
Das Kalb
machte er selten.
Oft hatte er Schwein,
der Fuchs.
Brigitte Schmid-Gugler

Das Buchprojekt wurde unterstützt von

Ortsgemeinde Straubenzell, St. Gallen
Fredy & Regula Lienhard-Stiftung
Katholischer Konfessionsteil des Kantons St. Gallen
Kanton Appenzell Innerrhoden
Paul-Huber-Gesellschaft

© 2016 by Appenzeller Verlag, CH-9103 Schwellbrunn
Alle Rechte der Verbreitung, auch durch Film, Radio und Fernsehen, fotomechanische Wiedergabe, Tonträger, elektronische Datenträger und auszugsweisen Nachdruck, sind vorbehalten.

Umschlagbild: Michael Etzensperger
Gestaltung: Janine Durot
Gesetzt in Trump Mediaeval LT Std und Candara
Satz: Appenzeller Verlag, Schwellbrunn

ISBN: 978-3-85882-731-9
www.appenzellerverlag.ch

Inhalt

- 9 Iddali und Johannesli
- 21 Frühe Jahre in Schwende
- 29 Der Lehrer Johannes aus Schwende trifft die Zürcher Modistin Maria
- 47 Kunst und Krieg
- 81 Die ungeliebte Halbschwester in Hitler-Deutschland
- 91 Das Jahr des Aufbruchs
- 109 Neuanfang in St. Gallen
- 123 Hindernisse
- 137 Heimliche Liebschaft
- 143 Ein unverhofftes Enkelkind
- 163 Erhörte Gebete
- 180 Anmerkungen
- 183 Bildnachweis
- 184 Dank

Iddali und Johannesli

Sie packte ihre Orgelnoten zusammen, schob sie in eine schmale Ledermappe, schaute noch kurz beim schlafenden, zwei Monate alten Johannesli rein, strich ihm übers Haar. Er lag friedlich in seinem Bettchen. Die Türe knarrte, die Treppe knarrte, sie hörte, dass Johannes, ihr Mann, in der Stube auf und ab ging, auch dort knarrte der Boden. Das erste Mal, seit sie vor neunzehn Monaten zu ihm gezogen war, würde sie das Haus verlassen, ohne ihrem Gatten Gute Nacht zu sagen. Ihr war nicht danach zumute, noch einmal zurück in die Stube zu gehen. Vielleicht war es von allem Anfang an ein Irrglaube gewesen zu denken, es könnte alles nochmals ganz neu beginnen. Die Tote, die ganze Vergangenheit geisterte herum. Aus jedem Winkel starrte sie ihr entgegen.
Sie ging zur Garderobe, nahm ihren dunkelblauen Regenmantel vom Bügel – es war einer mit wollenem Bezug und dem aufgestickten Namen «Miggeli» – stiess die Türe auf und etwas zu heftig wieder zu, ging ums Haus herum, stieg in ihren VW-Käfer und sauste das schmale Strässchen hinunter der Stadt zu.
Als sie um die Kurve bog, schloss Amalfa im Leimathof gerade die Fensterläden. Später, nach der Orgelstunde, würde sie dort noch einkehren und mit einigen vom Hügel zusammensitzen, deren Stammtisch bei Amalfa stand, an dem auch die andere früher gesessen hatte. Und deren Kinder. Und Daniel. Dieser Störenfried. Der alles durcheinanderbrachte und bei jeder Gelegenheit sagte: «Das hat Grossmutti so und das hat sie so gemacht». Und am Abend will er dann auch noch beim Grossvater sitzen und ihm seine eigenen Kompositionen vorspielen. Nicht mit ihr. Sie hatte doch das Recht, hier ihr eigenes Leben mit Johannes zu leben. Sie

hatten ein Kind, sie und er hatten ein eigenes Kind. Einen Johannesli, ein feines Bübchen, das gewachsen war in ihrem Bauch und das jetzt in seinem Zimmerchen schlief. Nach all diesen Jahren des Wartens, Hoffens, Bangens. «Frau Fuchs, Sie sind schwanger», hatte ihr Doktor R. mit feierlichem Unterton mitgeteilt. Und sie war in der Meinung, in die Wechseljahre gekommen zu sein, zu ihm gegangen. Immerhin war sie Mitte vierzig. Doch es hatte so kommen sollen. So kommen müssen. Nach allem, was sie durchgestanden hatte. Sie bog in die St. Jakobstrasse ein, sah gerade noch, wie Roellin in seinem Laden eine Milchmaschine aus dem Schaufenster hob, bog links ab Richtung Burggraben und Klosterviertel.

Zu Hause sass ihr Mann Johannes am Flügel, zerzauste erst einen Stapel Noten, dann seinen eh schon zerzausten Haarkranz. Er erhob sich, öffnete die Türe einen Spalt, horchte hinaus, kehrte zurück, klimperte am Mittelteil von Hubers Chorfuge herum, stand wieder auf, schritt in der Stube auf und ab, den Ärger verscheuchend, der ihm beim Durchqueren dieses Raumes bis heute in den Kopf schoss. Die Zusatzkosten fürs Herausreissen der Zwischenwand, und Traugott, das Herisauer Schaf mit dem Birnenschädel, hatte ihm damals ums Verrecken keinen Zahlungsaufschub gewähren wollen. Er hatte sich das Geld ausgeliehen, wie so oft zuvor und auch nach dem Einzug in dieses Haus. Schulden über Schulden, und es wurden immer mehr. Doch jetzt würde Iddali alles richten: Die finanziellen Dinge, seit vielen Jahren im Argen liegend, in die Hand nehmen. Sein gutes Iddali. Tüchtig und ja, manchmal ziemlich zickig, eigensinnig, unnachgiebig. Was hatte sie gekämpft für ihre Orgel! Und jetzt soll sie sogar ins Haus kommen, ihre eigene Orgel, den dafür notwendigen Anbau will sie selber bezahlen. Was das für ein Triumph sein wird – ein Halleluja, das die Hirnschalen der Hügelbewohner, allesamt Nörgler und Neider, zum Dröhnen bringen wird.

Doch heute Abend war Idda einfach zur Probe gefahren, ohne Gute Nacht zu sagen. Sie war verstimmt und liess ihn nicht zum Abschied an ihrer Ohrmuschel läppeln. Er mochte ihre Ohren. Das Zarte, das so gar nicht zu ihrem stämmigen Körper passen wollte. Wie eine Katzenschnauze. Wie der Blütenrand einer Berganemone. Iddali! Und dieser Geruch nach warmer Milch, von dem ihm früher, sehr viel früher ein bisschen übel geworden war. Ausgefuchst, der Heugümper. Sein Praliné, sein Himmelspförtchen, sein Heubergerli mit den Samtöhrchen. Sein altes Mädchen.

Schenkt mir noch einmal einen Johannesli. Alles noch einmal von vorne. Wer hätte das gedacht. Ich habe noch einmal einen Johannesli gezeugt. Mit meiner Manneskraft. Einen kleinen Stammhalter. Ein neues Jungfüchsli. Würde Vater noch leben, ergäbe das ein ausgewachsenes Johannes-Quartett: Der Lehrer Johannes, der Musiker Johannes, also ich, mein Sohn Johannes Peter, auch Musiker, und dann noch mein Söhnchen Johannes Paul. Und Daniel nähmen wir für den Sopran.

> **Es hat mich schon ein bisschen geärgert, dass mein Vater seinen späten Nachkömmling auch noch auf den Namen Johannes taufen liess. Als ob es mich nie gegeben hätte. Wo doch ich schon diesen Vornamen hatte. Ich bin auf den Namen Johannes Peter getauft.**
> Peter Fuchs

Wo ist Daniel überhaupt? Hat sie ihn ins Bett geschickt? So früh!

> **Grossvater hatte Freude an meiner Stimme, eine glockenhelle Sopranstimme. Früher sang ich mit ihm den ganzen Schubert. Er sagte immer, niemand solle ihm mit grossen Arien kommen, wenn er die Miniatur nicht beherrsche. ‹Die Forelle› sang ich natürlich nicht in der strophischen Schulbuchversion, sondern im Original mit dem dramatischen Mittelteil. Das Singen zog sich bis in die Zeit, als Idda schon da war. Von da an musste ich immer um acht Uhr im Bett sein. Wenn sie Orgeldienst hatte oder Stunden gab, rief er mich manchmal zu sich und schlug vor: ‹Chumm, mir machet no De Alpejäger›. Bis die Scheinwerfer des VWs zu sehen waren, da schickte er mich sofort hinauf. Es war eine Plagerei. Eines Tages nach dem Skifahren nahm mich meine Tante Marianne zu sich in die Wohnung und sagte: ‹So, du bleibst jetzt hier bei uns.› Ich habe extrem gelitten, sah meinen Grossvater, der für mich wie ein Vater war, nur noch ab und zu im Café Palma, das Haus war tabu.**
> Daniel Fuchs

Vorhin, während des Abendessens, hatte er sich verplappert. Rausgerutscht war es ihm. Zerfranster Tag. Zerfranstes Winterlicht, zerfranste Gespräche. Die Äste des Kirschbaumes warfen fahle Schatten ins Zimmer, keine Nachricht von Huber, keine von Hilber. Zerfranste Abendstunden. Nichts zu Ende gebracht. Und dann das Missgeschick. «Miggeli», hatte er sein Iddali versehentlich genannt. Kaum war der Name ausgesprochen, war Idda vom Tisch aufgestanden, hatte Daniel angehalten, Teller und Suppenschüssel abzuräumen, hatte gesagt, sie schaue noch nach dem Kleinen und fahre dann in die Stadt. Dabei hatte er nur die Sache mit Peters Brief erläutern wollen. «Miggeli, der Peter hat geschrieben», hatte er zwischen zwei Bissen Brot halb gesagt und halb gekaut – immer wieder bereitete ihm seine wacklige Protese Mühe; längst wäre ein Zahnarztbesuch notwendig, aber woher das Geld nehmen? Manchmal kam ihm Miggelis Name einfach wie von selbst auf die Zunge. Als ob ihn seine verstorbene erste Frau mit ihrem spitzen Ellbogen in die Rippen gestossen hätte. Zwei Jahre war sie nun tot.

Sie wolle nicht ständig mit diesen alten Geschichten konfrontiert werden, hatte Idda kurz und bündig erwidert. Sein Sohn Peter hatte wissen wollen, was denn nun geschehe mit Mutters Porträt, das Franz Rederer von ihr gemalt hatte. Eigentlich wusste er nicht einmal, ob Idda wegen seines Versprechers oder wegen Peters Anruf so aufgebracht gewesen war. Sie tat sich schwer mit seinen drei Kindern und deren Mutter, dem toten Miggeli.

> **Als wir noch am Zeltweg in Zürich lebten, rief mein Vater meine Mutter noch Maria. Später wechselte er dann zu Marie, dann zu Miggi, manchmal sagte er auch Miggeli. Und noch später dann Muetter.**
> Peter Fuchs

Es war kein Schauen mehr gewesen. Wie Miggi dagelegen hatte. Hier in dieser Stube, wo ihr Geist bis heute atmet, ihr Geruch noch in allen Ritzen hing. Wo Johannes Fuchs sie immer wieder vor sich sah mit ihren eingefallenen Augenhöhlen, ihrem knochigen Leib. So anders war sie gewesen als Iddi, das Iddali mit ihren ausladenden Hüften und den weichen Ohrmuscheln. Seit einem Jahr schlief nun sie neben ihm oben im Elternbett. Er musste sie nach den Proben nicht mehr bis zu ihrer Wohnung an der Zeughausgasse begleiten. Doch er hatte diese kurzen Gänge mit ihr sehr gemocht. Solides Schuhwerk, Faltenrock. Ihre Haare meist streng aus dem

Skizze von Maria Fuchs, gezeichnet vom Zürcher Künstler Franz Rederer (1899–1965). Er war bekannt für seine expressionistischen Musiker-Porträts, unter ihnen Béla Bartók, Alban Berg, Arthur Honegger, Othmar Schoeck, Johannes Fuchs.

grossflächigen Gesicht nach hinten gekämmt und am Hinterkopf verknotet. Als er sich ganz zu Beginn ihrer Bekanntschaft einmal mit den Worten verabschiedet hatte, sie habe schöne Öhrchen, hatte sie gelacht und war ein bisschen errötet. Sie hatte ihre Brille mit den dicken Gläsern abgenommen, weil sie von der Kälte des Novemberabends beschlagen waren.

In diesem Häuschen an der Zeughausgasse in St. Gallen hatte Idda Heuberger bis zu ihrer Hochzeit mit Johannes Fuchs gewohnt.

Die junge Idda Heuberger.

» Meine Grossmutter wurde von Tag zu Tag schwächer. Ihr todbringendes Leiden dauerte wenige Monate. Man gab ihr Morphium. Es war der 15. Januar 1967. Tante Marianne und ihr Sohn Jan kamen. Ich war acht Jahre alt. Es lag sehr viel Schnee. Ich ging mit Jan in den Garten, wir bauten eine Schneehütte. Grossvater zündete die schönsten Kerzen an. Er sprach mit mir. Immer sprach er mit mir. Er erklärte mir alles. Auch beim Singen. Wie der Kehlkopf funktioniert und wie ein Klang entsteht. Jetzt erklärte er mir, was der Tod ist und dass da jetzt ein Kampf stattfindet. Später sah ich einen Film von Ingmar Bergman. Eine Szene erinnerte mich an jenen Tag, als meine Grossmutter starb. Da lag ein Mensch in einem Zimmer, die Türe stand nur einen Spalt breit offen. Als ich damals früh am Morgen die Treppe herunterkam, es war sehr still und ich hatte ein bisschen Angst, stand die Stubentüre ebenfalls einen Spalt weit offen. Ich blieb dort lange stehen, traute mich nicht, die Türe aufzustossen, traute mich kaum noch zu atmen. Da war dieser Geruch. «
Daniel Fuchs

Das «Lied der Toten», ein von Daniel Fuchs im Alter von acht Jahren komponiertes Requiem für seine Grossmutter, die er über alles geliebt hatte.

> Als Grossmutter gestorben war, nahm mich Grossvater während den Frühlingsferien mit auf eine Rheinschifffahrt. Nur wir beiden, nach Köln, zur Lorelei; in Mainz haben wir übernachtet. Ich war das erste Mal in einem richtigen Hotel. Zu Hause war ich sehr viel allein und hatte oft Angst. Die Abende, als die Grosseltern Probe hatten, fürchtete ich wie die Pest. Meine Mutter lebte ja in Chur. Bevor sie heiratete, war ich zwei-, dreimal bei ihr zu Besuch. Man ging zum Kiosk und kaufte etwas, ich fand es in Ordnung so. Ich wusste schon irgendwie, dass sie meine Mutter war, aber die Frage kam so gar nicht auf, ich fühlte mich wohl bei den Grosseltern. Manchmal kam sie am Samstagnachmittag von Chur nach St. Gallen. Ich wartete unten auf dem Kehrplatz auf einer Kiste. Der Migroswagen kam meistens zur gleichen Zeit, immer pünktlich um zwei Uhr.
> Daniel Fuchs

Am 10. April 1968, ein Jahr nachdem Maria Barbara Fuchs-Schmidt im Alter von 63 Jahren ihrem Krebsleiden erlegen war, heiratete Johannes Fuchs, damals gerade im Pensionsalter 65, die zwanzig Jahre jüngere Organistin und Klavierlehrerin Idda Agnes Heuberger.

Die Liebesbeziehung hatte bereits um das Jahr 1950 begonnen: Als Idda 1955 für einige Monate in Paris ihr Orgelstudium vertiefte, schrieb ihre Zürcher Freundin Hilde W. in einem ihrer zahlreichen Briefe an Idda, sie solle sich keine Sorgen machen und nicht eifersüchtig sein. *Du weisst doch, dass du ihm alles, gar alles bedeutest, und weisst auch, wie stolz er ist auf seine junge Geliebte.*

« **Meine Mutter hatte zu kauen daran. Es gibt Sachen, die kann ich fast nicht aussprechen.** »
Peter Fuchs

« **Vater wurde von den Frauen sehr verehrt. Der halbe Chor ist ihm nachgelaufen. Mutter hatte es nicht einfach.** »
Marianne Fuchs

« **Der Damenkranz rund um Johannes. So war das. Er wurde umschwärmt. Wenn man etwa nach der Probe noch etwas sagen wollte, dass man das nächste Mal nicht würde kommen können oder so, dann war das fast unmöglich, weil der Flügel belagert wurde von den Frauen. Und er mitten drin. Er war ja kein Kind der Traurigkeit. Das mit Idda war ein langes Gschlaik. Alle anderen von Fuchs stehengelassenen Damen haben das herumgereicht. Offiziell war natürlich nichts.** »
Markus Kaiser[1]

Idda Fuchs-Heuberger zog nach der Heirat im Frühling 1968 in das Haus in St. Gallen, in welchem Johannes Fuchs seit seiner Berufung zum Domkapellmeister im Jahr 1945 mit seiner Familie lebte. Am südlichen Teil des Hauses liess sie einen Anbau ausführen, um eine eigene Orgel im Haus haben, üben und unterrichten zu können. Im September 1969 kam ihr gemeinsames Kind, Johannes Paul, zur Welt.

Die drei Kinder aus erster Ehe, alle in den 1930er-Jahren geboren, waren zu diesem Zeitpunkt längst aus dem Haus. Nur der Enkel Daniel Fuchs lebte seit seiner Geburt bei den Grosseltern; seit dem Tod von Maria Fuchs-Schmidt bei seinem Grossvater. Ursula, die Jüngste der drei Fuchsen-Kinder, hatte Daniel 1959 auf die Welt gebracht und das uneheliche Kind danach in der Obhut seiner Grosseltern gelassen.

» Es ist einfach passiert. Ich war damals gerade zwanzig Jahre alt. Ich ging zu Marianne und sagte: ‹Etwas stimmt nicht.› Meine Schwester stand alles durch mit mir. Sie und Mutter kümmerten sich liebevoll um mich und Daniel. Auf eine Art war ich froh, dass er bei ihnen blieb. «
Ursula C.-Fuchs

» Wir sind natürlich noch auf eine alte Art erzogen worden und wurden nicht aufgeklärt. Ich ging mit Ursi zum Arzt, und der sagte dann, sie sei im vierten Monat schwanger. «
Marianne Fuchs

» Zuerst ging sie mit mir zum Arzt und dann zum Vater. Mutter hatte sie darum gebeten, es ihm zu sagen. «
Ursula C.-Fuchs

» Mutter fragte: «Kannst du es Vater sagen?» Ich ging dann zum Bahnhof, er kam von Zürich. Ich sagte zu ihm: ‹Komm, wir gehen zu Fuss, ich muss dir etwas erzählen.› Er ging einfach neben mir her und hörte zu. «
Marianne Fuchs

» Zu mir sagte er später: ‹Jetzt müssen wir zusammenhalten. Du bist meine Tochter.› So war er eben. Ihn kümmerte das ganze Gerede nicht. Ich fühlte mich von der Familie getragen. Sie verurteilte mich nicht. «
Ursula C.-Fuchs

» Doktor E. meinte, sie solle vielleicht besser abtreiben, sie bekomme Geld dafür von den Eltern des Kindsvaters. Die dachten, man könne das einfach wegmachen und alles wäre vergessen. Der Anwalt dieser Familie war zudem noch der Vorgesetzte des Vaters. Deshalb wohl bat er mich darum, mit dieser Familie zu reden. Er sagte, er könne das nicht. So bin ich dann mit Ursi hingegangen in dieses Haus. Sie wohnten ja ganz in der Nähe von uns. Und wir mussten zuhören, wie dieser Vater zu seinem Sohn sagte: ‹Du hättest ja bei einer Hure lernen können, wie es geht.› «
Marianne Fuchs

» Meine Mutter und Frau J. kannten sich vom Schrebergarten. Frau J. klagte dann eines Tages, man wolle ihrem Sohn ein Kind anhängen. Das war der Skandal der Stadt! Einen katholischen Lärm gab das. Dem Domkapellmeister sein Maitli bekommt ein Kind. Schlimmer wäre es nur noch gewesen, wenn der Bischof eines bekommen hätte. Und an

der freisinnigen Dufourstrasse wurde es genüsslich durchgehechelt. Dabei waren die dort nicht frommer. »
Markus Kaiser

« Das war eine verrückte Geschichte. Was das damals im katholischen St. Gallen hiess – ein Uneheliches! Doch unser Vater stand zu meiner Schwester und ihrem Kind. Er hat ja auch den Männerchor Harmonie in St. Gallen übernommen, und ich weiss noch, dass es im Umkreis des Domchores Leute gab, die empört auf dieses Ansinnen reagierten. Es komme gar nicht in Frage, dass er das annehme. Das sei kein katholischer Verein. Und Vater sagte zu denen: ‹Vorher gebe ich euch auf, als dass ich mich beeinflussen lasse.› So war er, und unsere Mutter teilte seine Einstellung. »
Peter Fuchs

« Am Mittwochnachmittag hatte ich schulfrei, da ging ich mit meiner Grossmutter immer ins Café Bättig. Sie jasste dort jeweils mit einigen Frauen. Wir sassen immer am gleichen Tisch. Grossmutter ass eine Meringue. Herr Otto sass am Nebentisch, er machte dann, wenn mir langweilig war, Zündhölzlispiele mit mir. Und einmal schenkte er mir einen Farbkasten, Wasserfarben. Ich durfte ihn bei ihm zu Hause an der Böcklinstrasse abholen. Doch Grossmutter blieb mir immer ein bisschen rätselhaft. Sie hatte eine Nähmaschine, eine Singer. Ganz nobel kam sie immer daher, mit selbstgeschneiderten Kleidern. Sie war früher Modistin gewesen. Zum Nähen hörte sie Radio, meistens Hörspiele, und neben ihr lag ‹Der Sonntag›, eine katholische Zeitschrift. Sie trug eine Traurigkeit, ein Geheimnis in sich. Da war die Geschichte mit ihrem Bruder, der als kleiner Bub ums Leben gekommen war. Man hat in der Familie nie offen weder darüber noch über andere Dinge gesprochen. Es gab Gerüchte, mehr nicht. Für meine Grossmutter war es vermutlich ein lebenslanges Trauma. »
Daniel Fuchs

« Man munkelte, das Kind sei ertränkt worden. Aber man sprach in dieser puritanischen Gesellschaft ja immer nur hintenherum über alles das, was nicht hätte geschehen dürfen. Bei meiner Mutter hinterliess diese Geschichte einen Schaden für das ganze Leben. Und bei meiner Grossmutter wahrscheinlich auch. Sie war eine harte Frau, wollte nicht, dass ihre Töchter Kinder bekommen. Meine zwei Tanten, die Schwestern meiner Mutter, blieben beide kinderlos. »
Marianne Fuchs

Aus dem Todesregister des Zivilstandsamtes der Stadt Zürich geht hervor, dass der am 13. Oktober 1902 geborene Konrad Schmidt am 6. Oktober 1906 «an Ertrinken» gestorben ist. Zusätzlich wird vermerkt, dass er in der Mitte des Sees tot aus dem Wasser gezogen wurde – zwischen dem Zürichhorn (rechtes Seeufer) und der Hennebergschen Seidenfabrik, heute Rote Fabrik (am linken Seeufer, wo Schmidts wohnten). Nachforschungen beim Staatsarchiv sowie beim Zürcher Bezirks- und Obergericht in den Spruchbüchern jener Jahre ergeben, dass es nie eine Gerichtsverhandlung zu einem Fall Schmidt gegeben hat. Die Neue Zürcher Zeitung, 1. Abendblatt vom 10. Oktober 1906, hatte ausführlich über den Unfallhergang berichtet und – offenbar entgegen den kursierenden Gerüchten – zusammenfassend ein Verbrechen ausgeschlossen:

Am letzten Sonntagnachmittag um 1 Uhr wurde in der Nähe des Schiffsflosses Faul wiederum eine Knabenleiche aus dem See gehoben. Es verbreitete sich alsbald das Gerücht, es liege ein Verbrechen vor. Sofort wurden die Untersuchungsbehörden auf den Platz gerufen und eine strenge Untersuchung vorgenommen. Schon Samstagabends hatte der Tapezierer Konrad Schmidt der Polizei gemeldet, sein Knabe Konrad sei seit dem Mittag nicht mehr nach Hause gekommen. Da der Vater vermutete, sein 4-jähriger Knabe sei wie schon oft beim Dampfschiffsteg Wollishofen am See spielen gegangen und könne daher in die Fluten gefallen sein, ging er dorthin und suchte mit einem Rettungsapparate das Seeufer ab. Das Suchen blieb erfolglos. Ein Schiffsmann bemerkte Sonntagmittags einen Körper auf dem See treiben, er hob ihn – es war die Leiche des vermissten Knaben. Bei der Leichenschau, die Dr. Binder vornahm, ergab sich dann aber am Körper des Knaben nichts, was für irgendwelche Gewalt von aussen sprechen würde. Auf dem Platze waren auch Bezirksanwalt Huber und Polizeikommissär Heusser erschienen. Es stellte sich heraus, dass Konrad Schmidt mit zwei Kameraden am See spielen gegangen war. Die Knaben nahmen ein Fussbad. Aus irgendwelchen Gründen fielen nun zwei der Knaben (Schmidt und L.) beim Dampfschiffsteg Ziegelhütte ins Wasser, und während L. sich wieder ans Land retten konnte, blieb Schmidt verloren. L. und sein trockener Kamerad eilten in aller Angst nach Hause, unterliessen es aber, nach Kindergebrauch, daheim von dem Geschehenen Mitteilung zu machen. Als die Buben vom Verschwinden ihres Spielgenossen Kenntnis bekamen, rückten sie schliesslich mit der Sprache heraus. Die Schuhe und Strümpfe wurden am Montag am Seeufer, vom Wasser bespült, gefunden. Über die Verschleppung der Leiche von der Unfallstelle nach dem rechten Seeufer ist man noch im Unklaren. Soviel steht vorläufig fest, dass man es in diesem Falle mit keinem Verbrechen zu tun hat.

Die Gerüchte dürften auch deshalb ins Kraut geschossen sein, weil wenige Monate vor dem Ertrinkungstod des kleinen Konrad Schmidt, im Juli 1906 ebenfalls in Wollishofen, die Leiche eines Buben, geboren 1900, aus dem See geborgen worden war. Wie Konrad war er deutscher Abstammung und hatte an der gleichen Strasse wie die Familie Schmidt gewohnt. Dieser Bub war, den Akten entsprechend, tatsächlich einem Gewaltdelikt zum Opfer gefallen. Warum man die damals in der Presse als vorläufige Erkenntnisse umschriebenen Umstände und die Koinzidenz – zwei deutschstämmige tote Knaben aus der gleichen Strasse und nur im Abstand von wenigen Monaten – nicht weiterverfolgt hatte und nicht geklärt worden war, weshalb ein Kind, das am linken Seeufer ins Wasser gefallen war, nach einem Tag am rechten Seeufer auf dem Wasser trieb, wird wohl für immer ein Geheimnis bleiben.

Frühe Jahre in Schwende

Johannes Fuchs lag noch geborgen im Mutterschoss, als in Wien Anton Bruckners 9. Sinfonie zur Uraufführung kam, ein Werk jenes Komponisten, der später zu seinen erklärten Favoriten gehörte. Und Giuseppe Melchior Sarto, der sich den Namen Pius X. gab und sich hervortat mit der Erneuerung der Kirchenmusik, indem er den Einsatz von Kastraten in kirchlichen Räumen verbot, war seit knapp zwei Monaten Papst, als in Schwende die Hebamme und Handstickerin, die Rölle-Zischge, die Frau des Jockelishambische Emil[2] – das Paar hatte siebzehn eigene Kinder – dem kleinen Johannes Fuchs auf die Welt half.
Es war eine schwere und heimtückische Zeit im Dorf, als er am 24. September 1903 den ersten Schrei tat. Für Minuten das Gespenst verscheuchend, welches in jenen Jahren um die Schwendener Häuser schlich: Die damals noch nicht heilbare Diphtherie kostete vielen Kindern im Tal das Leben.
Johannes – oder Lehrers Johann, wie man in Schwende von ihm sprach – war das Kind der Maria Magdalena Fuchs-Hautle, geborene Inauen. Deren Vater war Wirt im Weissbad gewesen und hatte später die Loosmühle mitsamt der dazu gehörenden Sägerei gekauft.
Die ersten vier ihrer Kinder hatte Johannes Fuchs' Mutter mit dem früh verstorbenen Dorfschullehrer Franz Anton Hautle gehabt. Um 1900 herum heiratete sie seinen Nachfolger, den Lehrer Johann Anton Fuchs. Somit trat der Vater von Johannes Fuchs nicht nur in die Fussstapfen seines Vorgängers als Dorfschullehrer, sondern stieg als beträchtlich jüngerer Ehemann auch ins Bett der damals 40-jährigen Witwe.

Schriftliche Beurteilung des Schulmädchens Rosa Kuster, verfasst von Lehrer Johann Anton Fuchs.

Sie hat nichts an sich, das sie aus den andern sehr herausstechen lässt. Sie zeigt Eigenschaften, wie sie viele andre auch zeigen. Man muss sie zur Zahl der Mittelmässigen rechnen. Nicht dass sie es durch besondern Fleiss auf diese Stufe gebracht hätte. Ich habe viel eher das Gefühl, dass sie mit mehr Eifer höher stehen könnte. An den Lektionen beteiligt sie sich nicht sehr aktiv. Sie macht mit, aber nicht mit grossem Eifer. Sie verhält sich ziemlich passiv. Während Geographielektionen am Relief seh ich sie unaufmerksam sein. Das kann man ihr aber in diesem Fache noch verzeihen, denn daran haben die Knaben meist mehr Freude als die Mädchen. Während den stillen Beschäftigungen lässt ihr Verhalten oft zu wünschen übrig. Sie verkehrt mit ihren Nachbaren und scheut sich nicht, sich fast gänzlich umzudrehen, um auch noch zu sehen, was hinter ihr geht. Rosa kommt mir wie ein rechtes Muttermädchen vor. Andre Mädchen zeigen meist auch knabenhafte Eigenschaften. Bei ihr scheinen diese zu fehlen. Sie ist eitel, das habe ich aus einem ihrer Aufsätze erfahren, wo sie von sich schreibt; sie sei ein schönes Kind usw. Sie hat ein geläufiges Zünglein, das nicht nur zum Lächeln und Lachen, sondern auch sonst zur Unterhaltung sich trefflich eignet. Ihre Geziertheit deucht mich über ihr Alter hinaus entwickelt. Sie hat oft mit ihren Haaren zu schaffen. Die eitle Gewohnheit trifft man sonst erst später, – bei Seminaristinnen. Auch das im Gehen plötzliche Anhalten, Knieheben links, Strumpfbandaufziehen, gehen, Knieheben rechts, Strumpfbandaufziehen, habe ich an ihr beobachtet; das ist sehr mädchenhaft. Löblich ist ihre Ordnungsliebe. Ich sah, wie sie unter ihrer Bank einen Bleistift hervorholte. Er lag unter andern Sachen in der Schultasche in der Federschachtel hinter aufgebeigten Büchern und Heften. Sie suchte ihn hervor, legte ihn vor sich hin und ruhte dann nicht, bis sie Federschachtel, Bücher und Hefte, alles wieder genau gleich hingelegt hatte, wie es vorher dort gelegen hatte. Ein schöner hausmütterlicher Zug. Zu loben ist auch ihre Höflichkeit. Das ist's gerade, worin sie die andern vielleicht etwas übertrifft.

Zwei der älteren Halbgeschwister von Johannes Fuchs, Albert und Adolf, starben als junge Männer. Anton, der dritte Halbbruder, heiratete und hatte zwei Töchter, Luise und Hedwig. Die einzige Halbschwester, Magdalena Hautle, fand als junge Frau Arbeit in einem Zürcher Hotel. Dort lernte sie ihren späteren Mann, den Deutschen Anton Hopfensitz kennen, mit dem sie in den 1930er-Jahren nach Stuttgart zog. Während des Zweiten Weltkrieges geriet die Familie mit den zwei Töchtern sowie deren Familien in äusserste Not, doch Anton Hopfensitz galt bei den Schweizer Verwandten als Faschist und Nazi. Man liess deshalb der Familie ausser einigen, nach den Kriegsjahren von Hilfswerken

Zensurierter Briefumschlag von Magdalena Hopfensitz aus Hitlerdeutschland. (September 1944)

zusammengestellten «Liebespaketen», keine Hilfe zukommen. Aus den immer wieder in Zürich und Schwende eintreffenden Briefen, die während den Kriegsjahren allesamt zensuriert wurden, geht aus naheliegenden Gründen nicht hervor, in welcher Funktion Magdalenas Mann Anton während des Krieges stand. Es ist lediglich die Rede davon, dass er nicht mehr wie früher als Kellner arbeiten könne und in seiner neuen Position als «Detektiv» oft für längere Zeit in ganz Deutschland und Polen unterwegs, und wie Magdalena ihren Verwandten schreibt, «meist an der frischen Luft» sei.

Die Bauernfamilien in Schwende – und das waren ausser dem Pfarrer, dem Lehrer und den Gastwirten alle der damals rund 600 Einwohner – gaben sich wenig schulfreundlich. Viele wollten ihre meist zahlreichen Kinder lieber als Arbeitskräfte zu Hause auf dem Hof behalten. Doch Lehrer Fuchs belehrte sie eines Besseren: Heidi Dörig, Wirtin im Hotel Edelweiss, erinnert sich daran, dass noch in den Fünfzigerjahren bei der Schulpforte ein Schild hing mit der Aufschrift: «Nur Toren verachten die Lehre.»

Die Eltern von Lehrer Johann Anton Fuchs waren Sticker gewesen. Beide starben um 1880 herum an einer Fleischvergiftung – auf gleiche Weise, wie 1928 auch die Eltern des Komponisten Paul Huber, dessen Förderer Johannes Fuchs war, sterben mussten.

Das Waisenkind Johann Anton Fuchs war im Alter von neun Jahren zu Verwandten auf die Hugewees gekommen und wurde dort Fädler (Sticknadeln einfädeln). Eine Tätigkeit, die in der Textilhochblüte der Ostschweiz von unzähligen Kindern ausgeführt worden war. Mit der Unterstützung des Pfarrers konnte der Bub die Sekundarschule nachholen und das Lehrerseminar absolvieren. Im Alter von 24 Jahren trat er seine erste Stelle in Vilters an. Zwei Jahre später wechselte er nach Schwende und unterrichtete dort, zeitweise mit der Unterstützung einer Nonne, alle Primarschulklassen im Dorf. Das waren um die Jahrhundertwende sieben Klassen und über einhundert Schülerinnen und Schüler. Das bescheidene Gehalt reichte bei Weitem nicht für den Unterhalt der Familie. Mehr verdiente der Dorfschullehrer als Forellenfischer. Er fischte, später oft auch im Beisein seines Sohnes Johannes, im Schwendebach und verkaufte die Fische in den umliegenden Restaurants. Zu seinem Pflichtenheft als Lehrer gehörten die Leitung des Kirchenchores und das Orgelspiel während der Gottesdienste und Andachten. An kalten Winterabenden pflegte er die Chorproben in der eigenen Wohnstube abzuhalten.

Wenig scheint sich in dem Dörfchen mit den weit verstreuten Bauernhöfen in den vergangenen einhundert Jahren verändert zu haben – trotz der 1912 eröffneten Bahnlinie, die den Tourismus ins Tal brachte. Rechts von Bahngleis, Strasse und Bach führt der Weg an Wiesen und Gärten vorbei hinauf zur Kirche, zum dahinterliegenden Friedhof und zur Schule, schön hintereinander aufgereiht, als wären's Dominosteine. Gäbe es diese kleine Verdichtung nicht, wäre das Dorf kaum als solches zu erkennen. Diese pittoreske Landschaft hatte den Lehrerssohn Johannes Fuchs geprägt: Talabwärts beginnt die offene Welt, talaufwärts geht's bald nur noch zu Fuss weiter.

> **Es kam vor, dass uns Vater bis auf die Ebenalp begleitete, wo wir – Peter, Ursi und ich, später kam noch Daniel dazu – in einer Hütte im Stroh übernachten konnten. Er sagte zu uns: ‹Um drei Uhr marschiert ihr los zum Säntis, ich komme dann morgen mit der Bahn hinauf.› Und weg war er, er musste zur Probe nach St. Gallen.**
> Marianne Fuchs

> **Ich weiss noch, wie Vater und ich aufs Öhrli geklettert sind. Da war ich vermutlich schon in der Schule. Angeseilt war ich fast nie. Er hatte keine Angst, er war ja ein Bergler.**
> Peter Fuchs

> **Ich erinnere mich gut, wie ich das erste Mal auf den Altmann hochging mit Vater und Peter. Da durfte man ja als Mädchen noch keine Hosen tragen. Mutter hat mir Ticinella-Röcke genäht. Vater sagte zu mir: ‹Du musst dich einfach hinsetzen und nicht runterschauen, nicht links und nicht rechts.› Also schob ich mich sitzend vorwärts, mit dem italienischen Muster auf meinem Rock, während er einfach so rübermarschierte. Barfuss oder mit den Nagelschuhen. Einmal auf dem Abstieg nach Wasserauen sahen wir hinter uns eine Gewitterwand. Dann band er mich an ein Seil, und so liefen wir durch den Wald. Der Weg wurde schnell zum reissenden Bach, wir mussten über die Hänge ausweichen.**
> Marianne Fuchs

Schwende in Appenzell Innerrhoden mit der im Jahr 1929 neu erbauten Kirche. Im Hintergrund der Hohe Kasten.

Von Weissbad herkommend, geht's zu Fuss dem Bach und den Wiesen entlang. Links der Strasse markieren Visiere geplante Neubauten. Da und dort anhalten. Einheimische ansprechen. Den Bauern, der mit der Sense die Uferböschung mäht. Die Frau, die mit ihrem Hund von der Kirche her Richtung Weissbad marschiert. Einen jungen Mann mit Stöpseln in den Ohren. Ein älteres Ehepaar. Johannes Fuchs' Namen nennen. Meist folgt auf die Frage, ob es eine Erinnerung an ihn gebe, ein Kopfschütteln: Ein Komponist? – ein Jodler? – ein Hackbrettler? – ein Dirigent? Unsentimentale Nüchternheit. Keine Verehrung. So sind sie, die Schwendener. Jeder und jede hatte von je her und hat auch heute hier eine Aufgabe, ob Bauer, Hausfrau, Pfarrer oder Gastwirt, und für Berühmtheiten hat man wenig Gehör. Stolz sei man schon, dass einer aus dem Dorf es so weit gebracht habe, sagen Heidi und Jok Dörig vom Hotel Edelweiss.

Die Schwendener feiern Fronleichnam, ihren Herrgottstag, die Gaststube und das Säli bei Dörigs sind vollbesetzt nach der Feiertagsprozession, der Messe und den Böllerschüssen. Die Frauen tragen Festtagstracht. Es gibt Gitziragout, im Weisswein geschmort. Kaum ist der Kaffee serviert, stimmt eine ältere Frau ein Zäuerli an, leise und silbern wie der einsetzende Regen draussen.

Mit solcherlei musikalischen Eindrücken ist Johannes Fuchs aufgewachsen. Man denkt sich aus, wie er vom Schulhaus herunter-

Schulhaus und Friedhof von Schwende.

Der Schwendebach entlang der Strasse nach Wasserauen.

marschiert, immer flotten Schrittes dem Schwendebach zu. Zwischen den neu ausgesteckten Zaunpfählen zählt er Intervalle; es vibriert, jauchzt in ihm. Beim Brüggli beugt er sich über das Geländer, hört dem Plätschern, Brausen, Gurgeln zu, das sich alsbald verbindet mit dem Mittagsgeläut der Kirchenglocken. Der Föhn hat mit den frühlingshaften Nachtstunden angebandelt, die Farben an den Hängen wechseln von schrundigem Graubraun zu sattem Grün. Eine erste Dotterblume, üppig wie ein Buttermödeli. Sauerampfer und Wiesenschaumkraut, der Duft von frischem Gras. Er lässt die Schwingungen dieses Tages – Laufschritt, Atem, der gegen das Zwerchfell hin sich weitende Körper – auf sich wirken. Heimat ist Klang, ist Heimat.

Der Lehrer Johannes aus Schwende trifft die Zürcher Modistin Maria

Vom 21-jährigen Johannes Fuchs vorbereitete Probelektion für den 27. März 1924.
IV. Klasse; Gesang: Einführung der D-Dur Tonleiter.
Die Schüler kennen zwei Tonleitern: C-Dur und G-Dur. Sie wissen, dass ein # vor F den Ton F um eine halbe Stufe erhöht und dass dieser dann Fis heisst. Ich gehe in der Einführung der neuen Tonleiter von C-Dur aus. Diese Tonleiter steht auf der Wandtafel. (Notenabbildung)
1. Einleitung: Wie viele Tonleitern kennt ihr? Gibt es nur diese zwei? Wer weiss noch, auf welchem Weg ihr die G-Dur Tonleiter fandet? (# vor f) Als ihr in der Tonleiter von C aus Fis sanget, statt F, konntet ihr nicht mehr mit C aufhören. Das Fis hat nach G geleitet. Heute suchen wir eine andere Tonleiter.
2. Darbietung:
Singt die C-Dur Tonleiter auswendig. Das Fis da lassen wir grad stehen. (Notenabbildung) Wenn ich jetzt vor das C ein # setze, was geschieht dann? (Notenabbildung) Es wird eine halbe Stufe höher und heisst nun aber auch anders: Cis (das erhöhte F nannten wir Fis, das erhöhte C heisst Cis). Singt C; singt Cis.
Notenlesen, 1 oder 2 Schüler.
Wer hat von vorhin noch Cis im Ohr? Halt! Bevor wir singen, wollen wir doch noch nachsehen, wo da die Halbtöne sind. Ich bezeichne die Halbtonschritte, die die Schüler gesucht haben. (Notenabbildung) Jetzt wollen wir hören, wie weit wir kommen. Singen – aufwärts und zurück. Haben wir jetzt eine rechte Tonleiter? Können wir da aufhören mit diesem Cis? Nochmals singen und dort, wo ihr glaubt, man könne schliessen, dort hört ihr auf.

Vielleicht gelingt es den Schülern erst nach mehreren Versuchen, D als Abschlusston aufzufinden. So, jetzt haben wir's. Das ist die Tonleiter von D aus, die D-Dur Tonleiter. Singt sie nochmals. In den anderen Tonleitern haben wir immer auch Sprünge gemacht. Versuchen wir sie auch hier: D Fis A D; D G H D. Anstatt, dass man das Kreuz vor C immer hinschreibt, setzt man es meist vorn hin, wie wir es bei G-Dur schon gemacht haben: (Notenabbildung) Das Kreuz gilt aber auch für das C auf der ersten Hilfslinie. Vergleiche C-Dur, G-Dur und D-Dur. Alle drei Tonleitern auf la singen lassen. Die Schüler sollen die Gleichheit der Melodie erkennen. Die Tonleitern unterscheiden sich nur durch verschiedene Höhe. Die Gleichheit in der Stufenfolge lässt sich auch noch in den aufgeschriebenen Tonleitern erkennen. Halbtonschritte immer von 3–4; 7–8. Die Schüler sollen die Halbtonschritte selber suchen. (Notenabbildungen)

Nach Abschluss des Lehrerseminars in Rorschach wollte Johannes Fuchs 1924 am Konservatorium Zürich ein Trompetenstudium beginnen. Er wurde Untermieter bei der Familie Schmidt, die in jenen Jahren mit drei Töchtern an der Nordstrasse wohnte. Die Ver-

Johannes Fuchs, erste Reihe Mitte, mit seinen Kommilitonen am Lehrerseminar Rorschach.

bindung zu Schmidts kam über die Halbschwester Magdalene Hautle zustande, die bereits zu Beginn des Ersten Weltkriegs in Zürich lebte und mit einem Deutschen liiert war. Im August 1914 schrieb sie ihrer Mutter und dem Stiefvater nach Schwende, dass es in Zürich ziemlich ruhig geworden sei, da die meisten Deutschen und Italiener fort mussten. *Es sind viele Geschäfte geschlossen worden, die Arbeiterschaft ganz oder teilweise entlassen worden, daher so viele arbeitslose Leute. Möchte die Mutter anfragen, im Auftrag von Frau Schmidt, ob sie nicht etwa drei bis vier Pfund Mais erhalten könnte und es in einem meiner Körbe zuschicken. Sie bekomme es hier in Zürich nirgends mehr, sie wolle es dir ja bezahlen.*

Schmidts älteste Tochter hiess Maria. Sie war ein Jahr jünger als Johannes Fuchs und hatte zwei Schwestern, Fini und Ida. Nebst dem toten Bruder Konrad starben auch die vier Jahre jüngeren Zwillingsschwestern im Abstand von nur wenigen Monaten an «angeborener Lebensschwäche» beziehungsweise an «Magen-Darm-Katarrh» im Jahr ihrer Geburt 1908.

Der aus Deutschland eingewanderte Vater Konrad Schmidt arbeitete als Sattler und Tapezierer; die Mutter, Maria Josepha Barbara, stammte aus dem Kanton Uri und war Hausfrau.

Illustres Paar: Maria Schmidt und Johannes Fuchs in Zürich.

Ein Unfall gleich am Tag des Einrückens in die Rekrutenschule zog abrupt einen Schlussstrich unter die Absicht von Johannes Fuchs, Trompete zu studieren: Während des Wartens stürzte er von einem Zaun, auf dem er mit Kameraden sass, wobei sein Nachbar mit dem Militärschuh versehentlich so hart gegen seine Vorderzähne schlug, dass diese abbrachen. Fuchs entschied sich sodann für den Studiengang Chorleitung und -gesang.

Nach einem Ausbildungsjahr in Schulmusik begann Johannes Fuchs als freischaffender Chorleiter zu arbeiten und verdiente sich so das Geld, um seine Studien weiterzuführen. Er leitete ein Jodlerchörli, assistierte beim Chorleiter und Komponisten Walther Reinhart und dem von ihm gegründeten Reinhart-Chor als auch bei anderen Laienchören in und um Zürich. Er übernahm Vertretungen und Aushilfestellen und gründete schliesslich gemeinsam mit Max Kuhn, unter zeitweiliger Mitarbeit von René Matthes, den Chor für moderne Musik, der am 20. November 1929 unter dem Namen Kammerchor Zürich und unter der Leitung von Johannes Fuchs das erste Konzert in der Kirche St. Peter in Zürich gab. Es dauerte sieben Jahre, bis er mit seinem Kammerchor die Zürcher Tonhalle betreten durfte; hier brachte er 1936 Mozarts Krönungsmesse zur Aufführung. Fast fünfzig Jahre später, am 4. Dezember 1983, erklang am gleichen Ort und erneut unter der Leitung von Johannes Fuchs Mozarts Krönungsmesse. Es war das Festkonzert zu seinem 80. Geburtstag. Paul Huber hatte zu seinen Ehren ein Te Deum komponiert; es erlebte bei dieser Gelegenheit die Zürcher Erstaufführung, nachdem es im August des gleichen Jahres im Rahmen des achten Domkonzerts in St. Gallen uraufgeführt worden war.

Der Komponist Paul Huber mit seiner Frau Hedi.

Zwischen der aparten Zürcherin Maria Schmidt und dem Zimmerherrn Johannes Fuchs bahnte sich eine Beziehung an. Beide waren an Kultur, insbesondere an Theater und Musik interessiert. Maria hatte eben ihre Ausbildung als Modistin beendet und fand eine Anstellung im Modehaus Ober. Gleich zu Beginn der Gründung des Kammerchores wurde sie dessen Mitglied und übernahm, als Gesangsschülerin ihres zukünftigen Ehemannes, bald auch Solopartien und organisatorische Aufgaben. So forderte Johannes Fuchs sie auf einer Postkarte auf: *morgen in der Probe genau Kontrolle führen, wer fehlt, und an die Fehlenden noch gleich abends Karten versenden auf nächsten Montag 20 Uhr, Gesamtprobe.* In dieser Zeit war Johannes Fuchs immer noch verlobt mit einer anderen Frau, einer ehemaligen Seminarkollegin aus der Ostschweiz. Er tat sich schwer damit, diese Verlobung zu lösen und seiner Verlobten klaren Wein einzuschenken. Er überliess es Maria, die Verlobte über die neuen Umstände aufzuklären.
Wann immer möglich, fuhr Johannes am Wochenende zu seiner Familie nach Schwende. Er wollte klettern und wandern im geliebten Alpstein, und er musste seinem Vater bei den Gottesdiensten aushelfen. Von seiner neuen Bekanntschaft erfuhren die Eltern vorläufig nichts.

Liebe Maria, eben fällt mir ein, da ich beim Schreiben bin, dass ich dieses Jahr ja lange Sommerferien zu Hause verbringe und darauf noch im Militär bin. Während dieser Verbannungsperiode soll ich mich doch wohl als guten Korrespondenten entwickeln und ich dachte, es könnte nicht schaden, wenn ich jetzt gleich einen Versuch machte, wie es denn mit Briefen an ein junges Mädchen ginge. Solche Briefe sind ja eine überaus heikle Angelegenheit. Sie sollen ziemlich schön geschrieben sein, damit die liebe Empfängerin einen guten Einblick in den Charakter ihres Liebhabers erhält. Sie müssen ferner nett und liebenswürdig sein, ohne in die Art der Backfischliebschaftsbriefe zu verfallen. Ja, es darf vielleicht nicht einmal alles drin stehen, was man zuweilen gern schreiben würde, weil manches Mädchen eine neugierige Mutter oder ein vorwitziges Geschwister hat, die, wenn ihnen ein solcher Brief durch irgendwelche Umstände in die Hände käme, gleich ein lästerliches Getuschel oder gar hässliche Szenen veranstalteten. Vor allem darf von «Küssen» und dergleichen nichts darin stehen, weil so etwas skandalös wäre. Man kann doch nie wissen, wer es liest, oder? Mit herzlichem Gruss, Johannes. (17.Mai 1929)

Auszug eines Briefes von Johannes Fuchs an Maria Schmidt aus dem Jahr 1929.

Einen Eindruck vom «Charakter ihres Liebhabers» verschaffte sich die kühne Maria, indem sie kurzerhand Schriftproben von Johannes' Briefen an einen Graphologen schickte. Dieser schrieb ihr am 5. Dezember 1929 zurück:

Sehr geehrtes Fräulein, die vorliegenden Schriftproben deuten auf einen zwar regsamen, aber auch ziemlich aufgeregten, unruhigen und ungeduldigen Menschen. Wohl mögen ja die Schriftproben vielleicht in besonderer Hast geschrieben worden sein, aber der Schreiber mag auch sonst nicht wesentlich anders schreiben. Er ist ein ziemlich ausfahrender, wenig angenehmer Charakter. Fleissig und eifrig mag er ja sein, aber zugleich auch wetterwendisch, den Launen unterworfen. Zwar ist er ziemlich klug und nicht ohne Scharfsinn und auch nicht ohne die Neigung, gelegentlich scharf zu kritisieren, also ziemlich stark verstandesmässig eingestellt, aber eben doch auch gar keine grosse Leuchte. Ein tief veranlagter Mensch von grosser und hingebender Liebesfähigkeit scheint er nicht zu sein. Es ist bei ihm alles ein bisschen oberflächlich, auch das Gefühl. Er liebt mehr mit dem Kopf als mit dem Herzen. Zugleich scheint er aber eine ziemlich heftige, gele-

gentlich rücksichtslose und harte Natur zu sein. Weichheit ist nicht seine Sache. Gerade weil er etwas unruhvoll ist, braucht er ein Refugium, einen Ort, wo er sich daheim fühlt. Aber er ist nicht selbst in der Lage, dasselbe gemütlich zu gestalten. Er muss jemand haben, der das für ihn tut.

Ob er wohl treu sein kann! Fast möchte man's nicht glauben! Sein Wesen entbehrt doch der Beständigkeit und wohl auch einigermassen der Ausdauer. Er bedarf der Abwechslung. Sein Temperament ist wenig sesshaft. Er scheint ziemlich freimütig sein zu können, und doch ist er nicht absolut aufrichtig, geradeheraus. Man wird sich bei ihm auf allerlei Überraschungen gefasst machen müssen. Hochachtungsvoll grüsst H.S.

Liebe Maria, ich bin ganz verrückt am Schreiben. Heute Abend gehe ich mit dem Vater auf die Meglisalp. Bis dahin müssen noch alle Probenpläne fort sein; 28 an der Zahl. Ich bin schon wieder ganz eingelebt zu Hause. Herzlich, dein Johannes. (4. August 1929)

Handgeschriebener Probeplan von Johannes Fuchs aus dem Jahr 1929.

Liebes Miggeli, wir sind über den Marwees-Grat nach der Meglisalp gegangen. Am andern Tag über die Wagenlückenspitze zum Säntis. Es war seit dem 7. September letzten Jahres niemand mehr oben. Denke dir, ich habe den Weg ohne Unterbrüche barfuss gemacht. Hie und da hat's gestochen vom Geröll. Vom Säntis aus bin ich dann abends um 18 Uhr noch nach dem Altmann aufgebrochen. Es war ein herrlicher Abend. Ich blieb bis lange nach Sonnenuntergang auf dem Gipfel, obschon ein kräftiger Wind mich bis ins Mark erschütterte. Die Kiefer klapperten wie dürre Ofenscheite, ich hatte nicht einmal einen Kittel bei mir. Aber die ganze Welt bis weit über den Bodensee hinaus schon im tiefen Abendschatten und alle Berge schon im tiefen Dämmerschein und nur die höchsten Gipfel und Firnspitzen noch in violettes, kaltes Sonnengold getaucht. Stille. Der Jauchzer verhallt, nein, er tönt überhaupt nicht, kein Fels in der Nähe, der den Schall wiedergäbe. Gelt, musst nicht Heimweh haben. Die Gipfel, die muss ich besteigen, das gibt einem Mut zu allem. Johannes. (8. August 1929)

Liebe Maria, ich war vom Mittwoch weg auf dem Säntis bis gestern Samstagabend. Das Wetter war alle Tage noch ärger. So habe ich schliesslich den Vater allein oben gelassen und bin heimgekehrt, um heute zu funktionieren in der Kirche. Nächsten Donnerstag ist bei uns hoher Feiertag (Maria Himmelfahrt). Mein Hiersein bei diesem Gottesdienst wird allerseits dringend gewünscht. Ich bin sehr gespannt, wie dieser Winter vorbei geht. Sind wir dann wohl so weit, dass wir nicht nochmals ohne einander in die Ferien gehen? Nach Schwende möchte ich dich nicht bringen, bevor alles im Klaren ist. Der Winter wird vieles erschliessen. Mir graut fast ein wenig, wenn ich an die viele riskierte Zukunftsarbeit denke. Dein J. (11. August 1929)

Ab dem Jahr 1930 nahm Johannes Fuchs Maria Schmidt ab und zu mit nach Schwende. Während den Sommerferien war auch Max Kuhn mit von der Partie, mit dem er ein Jahr zuvor den Kammerchor Zürich gegründet hatte. Doch der gemeinsame Aufenthalt im Appenzellerland warf einen Schatten auf die Beziehung zwischen Johannes und Maria. Sie fuhr früher als geplant zurück nach Zürich.

Sonntag. Mein lieber Johannes, deine Zurückhaltung, wenn du bei dir zu Hause bist, ist für mich immer wieder ein Dämpfer. Warum kannst du nicht zu mir stehen? Deine Miggi

Brief von Maria Schmidt an Johannes Fuchs.

Johannes antwortete umgehend: *Es tut mir recht leid, dass die letzte Ferienwoche so wenig erholungsreich für dich ausfiel. Ich würde dich nie mehr hierher nehmen, bevor wir verlobt oder verheiratet sind. Johannes*

Maria bekundete Mühe mit der bäuerischen Art der Schwendener. In die Berge steigen mochte sie nicht, sie war nicht schwindelfrei. Ihr Zukünftiger räumte ein, er fühle sich auch oft nicht mehr am richtigen Platz dort oben. Das Tal und die Enge in den Köpfen – auch in denen seiner Eltern – sei bedrückend. Doch dann folgte ein Ausbruch, den er mit den Worten rechtfertigte: *Protest gegen deinen nicht begründeten Argwohn! Ich kann unseren Sitten nicht einfach mit Missachtung begegnen. Das würde für meine Eltern zu kummervolle Folgen haben. Du bangst um unsere Verbindung. Es tut mir etwas leid, dass ich dir nicht mehr als der spornheisse Liebhaber entgegenrenne, das wäre vor Jahren noch der Fall gewesen. Du kennst meine Bahn, auch was die Liebe anbelangt, genau genug. In meiner ersten Liebe lag viel Glut und noch zuweilen glüht ein Feuer daraus hervor. Es schadet dir nichts. Die Glut hat andere Form angenommen. Ich liebe heute anders als dazumal, und das, was heute aus meinem Wesen glüht, kann meiner zukünftigen Frau auch etwas bedeuten. Das wird bei dir der Fall sein, das glaube ich fest und bestimmt. Du wirst nicht nur mit und für mich leben, du wirst auch mit mir arbeiten und mit mir leiden, wenn es nötig ist, und Anteil haben an allem, was mir durch Fleiss und Talent und Arbeit gelingt.*
Immer wieder schienen die beiden jungen Leute zu hadern mit ihrer Beziehung und der Art und Weise, wie sich ein künftiges gemeinsames Leben einrichten liesse. Maria wünschte sich mehr Zuwendung; Johannes mahnte, nicht gegen seine Art anzukämpfen: *Ich kenne diese Stimmung. Sie mag wohl auch wieder einmal über mich kommen, jetzt ist sie mir unmöglich. (…) Liebe mich so, wie ich bin. Du stehst mir gegenüber wie ein Kind. Ich liebe gerade das und habe meine Freude an deiner kindhaften Zärtlichkeit. Es gibt Momente, in denen ich ungemein klar sehe, wie mein ganzer Mensch mit seiner Umwelt verbunden ist und in denen sich mir die Abgründe und Geheimnisse der Natur auftun – so weit, dass ich erschaudere über alle Kraft und Schönheit dessen, was ausser uns liegt, und es ist, als ob ein dunkler, tiefer Harfensaitenton meinen ganzen Leib erzittern machte. Ich bitte dich, liebe mich, Johann.*

Maria Schmidt ging in Zürich weiterhin ihrer Arbeit als Modistin nach. Sie stellte ihr kunsthandwerkliches Geschick unter Beweis, was ihr von ihren Kundinnen bestätigt und verdankt wurde: *Liebwertes Fräulein Schmidt, für das mir von Fritz zugeschickte Hütchen danke ich herzlich. Es gefällt mir sehr gut und passt gut zum Mantel. Hoffentlich haben Sie dieses Jahr recht gut angefangen. In Davos ist es jetzt wunderschön. Vielen Dank und viele Grüsse von Ihrer A.G. (Davos, 14. Januar 1930)*

Im Jahr 1932 heirateten Johannes Fuchs und Maria Barbara Schmidt. Die Firma Walter Thalmann übernahm den Taxidienst für das Brautpaar und die Hochzeitsgäste von der Hobelgasse, von der Langstrasse und von der Nordstrasse zur St. Antoniuskirche, später zum Mittagessen nach Regensberg und zurück nach Zürich zum Preis von netto 130 Franken. Das frisch verheiratete Paar be-

Johannes Fuchs und Maria Schmidt im Jahr ihrer Hochzeit 1932.

zog eine Wohnung am Zeltweg, die zuvor Othmar Schoeck gehört hatte. Die Flittertage verbrachten sie in Lugano, von wo Johannes Fuchs seiner Frau zwölf Jahre später schrieb: *Da waren wir als muntere, hoffnungsvolle Hochzeitsgäste. Du erinnerst dich lebhaft und gerne daran. Wir werden bald wieder einmal zusammen da einkehren.*

Ein Jahr später, 1933, kam das erste Kind zur Welt: Johannes Peter Fuchs. Die damals 28-jährige Maria tat, was die meisten Frauen ihrer Generation ohne Murren und Klagen taten: Sie gab ihren Beruf auf, erledigte neben ihrer Rolle als Hausfrau und Mutter Gelegenheitsaufträge für private Kundinnen, während ihr Mann mit grossen Schritten seiner Musikerkarriere entgegeneilte. Zwei Jahre später wurde Marianne Josefine geboren; 1939 kam als letztes der drei Kinder Ursula Rosa auf die Welt.

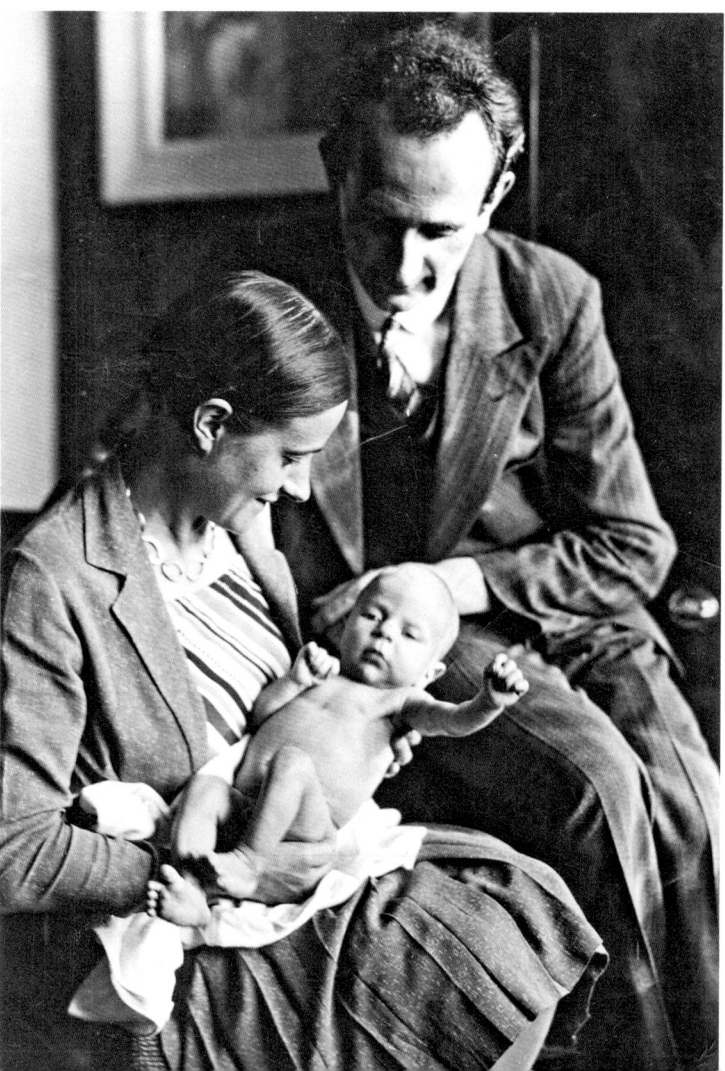

Der neugeborene Johannes Peter Fuchs mit seinen Eltern.

> **Mein Vater kaufte eine Deutsche Dogge. Hero hiess sie. Ein riesiger Hund war das. Er hatte ein Lampi-Ohr. Vater hatte eine Schwäche für Ohren. Man liess mich im Garten des Hauses mit dem Hund allein. In der unteren Etage wohnte ein Fotograf. Er fotografierte mich mit der Dogge. Ich noch in den Windeln.**
> Peter Fuchs

Der bekannte, 1988 verstorbene Schweizer Fotokünstler Jakob Tuggener, dessen Nachlass sich heute im Fotozentrum der Fotostiftung in Winterthur befindet, fotografierte Hero zusammen mit dem kleinen Peter Fuchs.

Der Maler Franz Rederer stellte Skizzen her von Hero.

Johannes Fuchs war von Anbeginn seiner Ehe viel unterwegs. Davon zeugen zahlreiche Briefe, die er nach Hause schrieb, wo immer er sich gerade aufhielt. Als Teil seines beruflichen Weiterkommens und den dazu unverzichtbaren Beziehungen, besuchte er – hauptsächlich in Deutschland – Opern, Konzerte, Theater, er schrieb vom «lieben Schönsinger» Heinrich Rehkemper, den man in der «Zauberflöte» sein Glockenspiel nicht spielen lasse: *Er hält sein Instrument, das wie üblich an einer Schnur an seinem Hals hängt, so, als wär's ein Radiosendeapparat, und geklingelt wird im Orchester.* Er vermisst die Weite des Handlungsraumes: *Papageno und Monostatus sind schon so weit beieinander, dass gar keine Möglichkeit zu einem Puff mehr bleibt. Bender war sehr schön, bis auf einige theatralische Momente.*

Auszug eines Briefes von Johannes Fuchs an Maria Fuchs-Schmidt aus dem Jahr 1934.

Im Münchner Rathauskeller genehmigte er sich einen guten Tropfen und schrieb seiner Frau, dass er gemeinsam mit ihr ein Sparsystem erfinden wolle, damit sie nicht zu Hause bleiben müsse, sondern mit ihm reisen könne: *Es hat viele Fremde, vor allem viele Engländer und Amerikaner. Gestern hat Göring hier geredet. Es strömten, als ich mich in die Oper begab, unheimlich viele Leute nach dem Platz bei der Feldherrnhalle. Eigentlich hätte mich das auch interessiert.* Im gleichen Brief wollte er seiner Frau *viel Liebes sagen, doch da stockt mir das Wort. Du weisst ja, dass ich dir Dank sage für deine Liebe, für dein Kind. Ich küsse euch in dieser Stunde und bin ganz euer Vater.*

Mein Liebster du, deine Briefe und Karten haben mich sehr gefreut, ich habe sie alle schon unzählige Male gelesen. Heute wirst du nun das herrliche Schäferspiel gehört haben, wie schön muss es sein mit Orchester und guter Besetzung, das hätte ich auch gerne gehört. Peterli ist so lieb. Kuhn hat seit Montag, wo er mich doch ins Corso eingeladen hat, nichts mehr von sich hören lassen. Macht auch nichts, gelt. Gestern Abend um halb zehn habe ich Yvonne und Mini getroffen, und heute sind wir ins Cinema. Ein Film, der mir gefallen hat. Die «Blaue Venus» mit Marlene Dietrich. Nachher habe ich noch den Hero geholt, und wie ich zurückkam, plauderte ich noch mit Frau Baldin. Habe nun drei Tage lang Useputzete gehabt, kannst froh sein, dass du nicht da warst, es wäre nichts für dich gewesen. In der Stube habe ich die Teppiche gewaschen, sie sind sehr schön geworden. Nun wünsche ich dir noch recht schöne genussreiche Stunden und verbleibe deine liebende Maria. (Zürich, August 1934)

Auf der gleichen Reise hörte er in München die Bläsermesse von Bruckner. Und im Bamberger Dom eine konzertante Messe: *Ich übertreibe nicht – der Kirchenchor Schwende hätte kein armseligeres Messlein und dieses auch nicht schlechter gesungen als im Dom zu Bamberg.*

PS: Hitler hatte vorgestern eine Rede. Es war grossartig. Man begreift, weshalb die Leute diesem Manne zujubeln. Einen faszinierenderen Redner gibt es nicht. (Bamberg, 19. August 1934)

Fuchs blieb den Geschehnissen in Deutschland gegenüber ambivalent. Dazu trug nicht zuletzt seine Freundschaft zum deutschen Komponisten und Dirigenten Carl Schuricht bei, einem der wichtigen international tätigen deutschen Orchesterleiter des 20. Jahrhunderts. Beide Musiker verband eine grosse Verehrung für Anton Bruckners Sinfonien. Vor Ausbruch des Zweiten Weltkriegs war Carl Schuricht von den Nationalsozialisten, welche ihn später auf die Liste der «Gottbegnadeten Künstler»[3] aufnahmen, solange unter Druck gesetzt worden, bis er sich von seiner Frau, einer Jüdin, scheiden liess. Als er ihr später zur Flucht aus Deutschland verhalf, entging er nur knapp dem KZ und flüchtete mit der Hilfe von Freunden in die Schweiz.

Von links: Johannes Fuchs, Maria Fuchs-Schmidt, Carl Vogler, Marianne Fuchs, Ingeborg und Hans Sellschopp.

> « Carl Schuricht war eine ganz wichtige Figur. Ich glaube, Hans Sellschopp[4] war mitverantwortlich dafür gewesen, dass er in die Schweiz flüchten konnte.» »
> Peter Fuchs

Auf jener Reise im Jahr 1934 wollte Johannes Fuchs in Salzburg eine «Don Giovanni»-Aufführung besuchen, erhielt aber keine Karte. Zudem erkrankte er an einer schlimmen Magen-Darmgrippe. Krankheitsschübe – einmal ist es der Magen, dann der Hals oder ein Bein – wiederholten sich mit einer gewissen Regelmässigkeit meist dann, wenn der Musiker Fuchs nicht gerade in einer ihn bewundernden Umgebung seinen ganzen Charme und sein Können ausspielen konnte. Da genügte auch ein Aufenthalt von Maria und den Kindern in Amden um den 1. August herum, dass er, allein zu Hause in der Zürcher Wohnung, zu Tinte und Papier griff und bitter klagte: *Niemand kocht mir einfach und gesund genug, ich fühle mich einsam.*

Jene Grippe in Salzburg kurierte er mit *vier starken Pyramidon.* Das Schmerz- und Fiebermittel war seit Ende des 19. Jahrhunderts auf dem Markt und hatte – obwohl man es gerne als leise Vorahnung lesen würde – nichts mit dem gleichnamigen Orgelregister zu tun, welches in der gleichen Epoche in England gebaut wurde, sich aber nicht durchsetzen konnte. Wieder genesen, hörte Fuchs ein Konzert im Dom, das er mit dem Satz kommentierte: *Man sollte schweigen dürfen darüber.* Er empörte sich weiter über einen *abgeschlagenen Schächer von einem Taxichauffeur, der für die Fahrt in seinem alten, kleinen Holpergefährt vier Schillinge verlangte vom Bahnhof in die nur ein paar hundert Meter entfernte Gaststätte, die ich im Übrigen primitiv und nicht ganz ordentlich vorfand.* Er gedenke, Freitagabend zu Hause zu sein: *Schau die Münchner Züge nach! In München wäre zwar noch «Meistersinger», aber jetzt spüre ich gar keine Lust dazu. Samstagabend habe ich Probe; Sonntag Dienst in Oerlikon.*

Zwei Jahre später, im August 1936, unternahm Fuchs eine Reise nach Stuttgart, Augsburg und Nürnberg. In Stuttgart besuchte er seine Halbschwester Magdalena und schrieb seiner Frau nach Zürich: *Von meinem Stuttgart-Besuch bin ich enttäuscht. Ich fand, man habe nicht besonders Freude an meinem Erscheinen gehabt. Zuerst kannte mich Hopfensitz gar nicht. Ich glaube, er hatte einen kleinen Schwips. Im Verlauf des Abends sah ich ihn auch ziemlich viel Wein trinken. Tochter Lena hat einen Buben, er heisst Karli und ist achtzehn Monate alt.*

In Augsburg hörte er Kirchenmusik, die ihn nicht überzeugte: *schlechte Prediger, mangelhafte Organisten, ungeschulte Kräfte, armselige Messen. Was ist das für ein katastrophaler Gegensatz überall in der Ausübung dieses kirchlichen Kunstzweiges zur Schönheit der Räume, der Instrumente und der Bildwerke. Ich war ja höchst erstaunt, in meinem Koffer wirklich alles, was zur Festtagsmontur gehört, vorzufinden. Rasierpinsel und Seife fehlten freilich. Nun, das habe ich besorgt. Ich komme eben aus der «Alceste». Es war alles in allem schön. Etliches aus dem Orchester lässt sich auch noch anders denken und ausführen. Als Gesamtwirkung aber grossartig. Bei manchen Solisten wäre eine rücksichtslose Ausrottung gewisser Sing- und Spielarten dringlich. Die können sich nicht trennen von den immer wiederkehrenden Vorschriften links und Vorschritt rechts und Ausfall seitwärts und vorwärts und Faust auf Brust. (Augsburg, August 1936)*

Kunst und Krieg

Lieber Herr Fuchs, soeben habe ich von Ihrer ehrenvollen Wahl zum Dirigenten des «Frohsinn» erfahren. Ich gratuliere Ihnen herzlich und aufrichtig. Sie haben die Wahl mehr als verdient. Einundzwanzig Konkurrenten aus dem Felde geschlagen, das ist kein Zufall! Der Tagesanzeiger hat übrigens aus Ihnen einen Komponisten gemacht. Man sollte diesen Journalisten einbalsamieren. Mit herzlichem Gruss, E.A. NZZ (Zürich, 1934).

In jenen Jahren flohen viele Intellektuelle und Künstler vor dem aufkommenden Faschismus in die Schweiz. Hier erlebte die faschistische Nationale Front einen Aufschwung. Anhänger dieser rechtsextremen Bewegung demonstrierten 1934 vor dem Zürcher Schauspielhaus beim Pfauen, diesem geschichtsträchtigen Ort mit zahlreichen aus Deutschland geflüchteten Schauspielerinnen und Schauspielern, der sich mit seinem mutigen Spielplan explizit distanzierte von jeglicher Art von Antisemitismus und Nationalismus.

Vor diesem Hintergrund sah sich der junge freischaffende Chorleiter Johannes Fuchs, der unweit des Schauspielhauses wohnte, vor die Herausforderung gestellt, seine Karriere voranzutreiben, seine Beziehungen zu Musikern auf- und auszubauen und zu festigen. Eine enge Freundschaft verband ihn ab 1936 mit dem aus Wil im Kanton St. Gallen stammenden Konzertpianisten und Komponisten Johann Baptist Hilber. Der ältere Hilber, Jahrgang 1891, und Fuchs fühlten sich in musikalischer Hinsicht als Seelenverwandte. Davon zeugen viele Briefe, in denen sich Hilber als geistreicher und humorvoller Schreiber hervortut. Auch bezüglich des beruflichen Werdegangs gab es Parallelen zwischen den beiden Musikern:

Hilber wurde 1934 Stiftskapellmeister an der Luzerner Hofkirche St. Leodegar und legte als Komponist seine ganze Schaffenskraft in die Weiterentwicklung und Verbreitung der katholischen Kirchenmusik. 1952 gründete er die bischöfliche und staatlich anerkannte Schweizerische Kirchenmusikschule Luzern und wurde deren Leiter. Fuchs trat 1945 sein Amt als Domkapellmeister in St. Gallen an. Daselbst gründete er im Jahr 1955 den Ostschweizerischen Studienchor für Kirchenmusik, aus dem schliesslich die Diözesan-Kirchenmusikschule St. Gallen herauswuchs.

> **Der Studienchor, das waren die Samstagnachmittage. Es gab Theorie, Bibliotheksberatung, Stimmbildung, Choralkurs, und gegen Abend sang man dann eben im Studienchor. Die meisten der Mitglieder waren entweder Lehrer oder Dirigenten. Es hatte mehr Männer als Frauen. Die Frauen, die mitmachten, waren alle auch im Domchor. Da war immer Susi Wei, und irgendwann donnerte Mafalda Graf herein, dann Idi Frick – beide Altistinnen, gewaltige Stimmen. Und Claire Högger kam, ein Sopran, sie war damals Leiterin des Heimatwerks in St. Gallen, ein stadtbekanntes Original.**
> Markus Kaiser

Im Zürich der 1930er-Jahre musste Johannes Fuchs für eine Familie sorgen, was ihm von Anfang an Sorgen bereitete. Die Einkünfte waren knapp, jedes Konzert war mit hohen Kosten verbunden. Solisten, Noten, Partituren, Musiker, Programme mussten aus der Chorkasse bezahlt werden, die hauptsächlich von den Mitglieder-Jahresbeiträgen in der Höhe von zwanzig Franken gespeist wurde. Die Radiogenossenschaft Zürich verlangte für die Beteiligung des Orchesters an einem Konzert plus eine Probe 600 Franken. Eine weitere Probe musste pro Orchestermitglied mit zwanzig Franken entschädigt werden. Das war viel Geld für einen Laienchor in der Schweiz, der in den 1930er-Jahren noch kein klar umschriebenes Kulturförderungsgesetz kannte und die Unterstützung kultureller Projekte privaten Gönnern überliess. Fuchs weibelte persönlich um Aufführungsmöglichkeiten. Gesuche um private Spenden und Unterstützung der öffentlichen Hand für die Konzerte wurden häufig abgelehnt, oder sie hielten sich mit ausführlichen Begleitschreiben in sehr bescheidenem Rahmen: *Mein lieber Johannes Fuchs, auf Ihre Zuschrift vom 17. 11. in der Angelegenheit «Stützung des Kammerchores» bitte ich Sie, mich mit meiner Frau zu den lebendigsten Interessenten Ihrer schönen Ver-*

einigung zu zählen. Als Geschäfts- und Privatmann bin ich durch die noch weiter verschärften Verhältnisse unserer Zeit zum Rechnen sehr gegen meine Art und meinen Willen genötigt. Ich werde Ihnen bei nächster Gelegenheit den kleinen Beitrag abgeben, der leider zur Zeit 20 Franken nicht übersteigen darf. Ihr P.H. (Zürich, 22. November 1936).

Im Kammerchor kam es, wie aus dem Protokoll einer Sitzung hervorgeht, *zu vielen unbegreiflichen Rücktritten*, zu Zerwürfnissen im Ausschuss; erbitterte Widersacher warfen sich gegenseitig Intrigen und *Hakenkreuzpolitik* vor.

– 2 –

wie "der Spur nach" gemäss ihrer persönlichen Auffassung mit, und schon ist alle mühsame Detailarbeit weggewisbht, da sich diese "Solisten", welche sich dieser Eigenschaft sehr bewusst sind, nie richtig ins Ensemble einfügen. Darin lag nach meiner Meinung wie auch nach der Ansicht anderer Mitglieder ein Hauptgrund zu dem nur teilweisen Erfolg des Berner Konzertes. Wenn Du auch beim Studium für das letzte Konzert manchmal missmutig warst darüber, dass scheinbar alles in früheren Proben Erschaffte wieder verloren gegangen war, und Deinem Unmut in gereizten Worten vor allem an die Adresse unserer Mitglieder Ausdruck gabst, so empfanden Letztere dieselben als eine Herabschätzung und persönliche Kränkung. Manche Mitglieder haben sich dahin geäussert, es sei ihnen verleidet, als zweitklassige Sängerinnen und Sänger angesehen zu werden, sich ausschimpfen lassen zu müssen und darüber hinaus noch einen Jahresbeitrag entrichten zu dürfen, damit den "gekauften" Kräften noch eine Gage nachgeworfen werden kann. Einzelne gaben die feste Absicht bekannt, nach dem Beethoven-Konzert aus dem Kammerchor auszutreten und sich dem Radiochor anzuschliessen, wo sie mit offenen Armen aufgenommen werden, und von wo Du sie dann später gegen Bezahlung zurückengagieren könnest.

Was die finanzielle Seite des Problems anbelangt, so stelle ich fest, dass die Auszahlung von Gagen an eine derart grosse Zahl von Zuzügern sich für jedes Konzert als eine zu grosse Belastung erweisen wird. Dem Vernehmen nach sind ja schon beim Berner Konzert diesbezüglich Schwierigkeiten eingetreten. Wie vielmehr wird dies bei einem Auslandengagement der Fall sein.

Du hast Dich schon wiederholt darüber beklagt, dass hinter Deinem Rücken gemurrt und geschimpft werde. Nun, darüber musst Du Dich wirklich nicht wundern, da Du ja unseren Mitgliedern überhaupt keine Gelegenheit zu offener Aussprache gibst, indem Du seit langem die Durchführung einer Generalversammlung verunmöglichst und unsere Statuten mit Füssen trittst. Manche unserer Mitglieder lehnen sich dagegen auf, Beiträge zu zahlen, wenn keine Auskunft über die finanzielle Lage gegeben wird und niemand für die Finanzen verantwortlich ist. Vor Allem aber wird eben die Tatsache beanstandet, dass in unserem Chor zweierlei Recht gilt, d.h. die einen, die "Stars" werden honoriert, während die "zweite Garnitur" sich "ansingen" lassen muss und dafür noch bezahlen soll. Ein solcher Zustand ist auf die Dauer unerträglich, dabei hört jeder Idealismus auf. Ich möchte Dir eindringlich nahelegen, die Sache einmal in allen ihren Konsequenzen zu überdenken und das Steuer herumzuwerfen, bevor die Mehrzahl unserer treuen Chormitglieder, welche seit Jahren mitgesungen haben, Dir davonlaufen. Ich möchte Dich nur daran erinnern, wie manche gute Sängerinnen und Sänger in letzter Zeit aus unseren Reihen verschwunden sind. Hast Du den wirklich alles Vertrauen in Deinen Kammerchor, den Du in der Vergangenheit zu solch grossen Erfolgen geführt hast, verloren, sodass Du glaubst, nicht mehr ohne Zuziehung fremder Kräfte auskommen zu können? Ich kann dies kaum glauben.

Ein weiterer Grund der allgemeinen Misstimmung liegt zum Teil auch in der im Verlaufe der letzten Jahre immer einseitiger gewordenen Stoffauswahl. Nach den Statuten ist der Kammerchor Zürich "politisch und konfessionell neutral". Nachdem aber in letzter Zeit immer ausschliesslicher nur noch Messen und andere geistliche Werke in lateinischer Sprache gesungen wurden, hat sich in der Oeffentlichkeit immer mehr die Meinung durchgesetzt, wir seien ein spezifisch konfessionell katholischer Chor. Viele unserer Mitglieder sähen es nicht ungern, wenn zwischen den Messe-Aufführungen hie und da wieder geistliche und weltliche Werke in deutscher Sprache, vor allem Bach, aber auch Schütz, Haydn, Mozart, Brahms, etc., gelegentlich auch moderne Kompositionen in Arbeit und Aufführung genommen würden. Denken wir nur an die prächtige Bach-Aufführung in La Chaux-de-Fonds vor drei Jahren.

Ich schreibe Dir diese Zeilen, da ich von ernster Sorge um die Zukunft unseres Kammerchors erfüllt bin. Es würde mir und auch vielen anderen Mitgliedern unendlich leid tun, zusehen zu müssen wenn der Chor aus den erwähnten Gründen auseinander fallen sollte. Ich bitte Dich inständig, mir meine Ausführungen nicht übel zu nehmen, sondern solche in aller Ruhe zu überdenken und die entsprechenden Konsequenzen zu ziehen. Du magst vielleicht einwenden, meine Bedenken seien zum Teil durch den jüngsten Konzerterfolg widerlegt oder überholt, was ich jedoch nicht glaube. Ich meinerseits stelle mich Dir zur Mitarbeit in administrativer Hinsicht gerne wieder zur Verfügung, aber nur unter der Voraussetzung, dass das Gagenwesen grundsätzlich aufhört. Eine Ausnahme von diesem Grundsatz würde ich höchstens der Mangelstimme Tenor zubilligen und allenfalls die

./.

Auszug eines Briefes des Kammerchor-Mitglieds Hermann Klaeger mit Randnotizen des Adressaten Johannes Fuchs.

Johannes Fuchs kam zwar als Leiter des Kammerchores Zürich schnell zu Ruhm und Ehre. Die von ihm einstudierten und dirigierten Werke – anfänglich vorzugsweise von Mozart und Bruckner – wurden fast ausnahmslos positiv gewürdigt. Es gelang ihm, sich in einem Feld zu behaupten, das in Zürich eigentlich besetzt war: Volkmar Andreae, Leiter des Tonhalle-Orchesters und bis 1939 Leiter des Konservatoriums Zürich, hatte sich längst als Bruckner-Spezialist hervorgetan.

» **Er hatte im Kammerchor junge Sänger mit kräftigen Stimmen, die am Konservatorium Gesang studierten. Einige von ihnen sind auch nach dem Studium weiterhin dem Kammerchor und Johannes Fuchs treu geblieben, auch nachdem sie berühmte Sänger geworden waren. Kurt Widmer und Ernst Häfliger waren zwei von ihnen. Später, als 80-Jähriger, besuchte Fuchs dann seinerseits die Meisterkurse für Gesang, die Häfliger durchführte.** «
Markus Kaiser

Seine Erfolge mit dem Kammerchor motivierten den Musiker bald schon, nach höheren Ämtern zu trachten. Unbegreiflich für ihn war, dass seine Bewerbung für die frei werdende Stelle als Kapellmeister des Radiosinfonieorchesters, die er 1936 an den Verwaltungsrat der Radiogenossenschaft geschickt hatte, nicht auf Interesse stiess. Er sah sich genötigt, den Herren Verwaltungsräten in einem umfangreichen Sermon in Form von Wurmsätzen beschwörenden Inhalts klarzumachen, welchem Irrtum sie erlagen. Er verwies auf die *dreissig verschickten Briefe*, um nur endlich ein Datum für ein Gastkonzert beim Radio zu erhalten. Er machte seinem Ärger über die *Arroganz des Herrn Direktor J.* Luft, der ihm mündlich Zweifel an seiner Eignung für den Radiobetrieb mitgeteilt habe. Dabei sei jener Direktor nicht einmal seiner Einladung gefolgt, in der Tonhalle einem von ihm, Fuchs, dirigierten Kammerchorkonzert beizuwohnen. *Es ist mit Sicherheit kein angenehmes Unternehmen, wenn ich aus grundsätzlichen Erwägungen wie aus persönlicher künstlerischer Nötigung und wirtschaftlicher Bedürftigkeit die gegenwärtige Mitteilung auf mich nehmen muss.*

Am 24. Juni 1937 bedankte sich Johannes Fuchs bei seiner Mutter in Schwende für ein Namenstagsgeschenk: *Ich hätte ohne diesen Gruss nicht an diesen Feiertag gedacht. Am nächsten Montag* werde ich in Appenzell einrücken. Vorher zu einem Besuch kommen kann ich nicht. Ich werde bis zur Stunde beschäftigt sein. Die letzte Zeit brachte besonders viel Arbeit überall. In Baden geht es langsam. Fuchs hatte sich in der Stadtkirche als Chorleiter beworben. Man kann heute noch gar nichts sagen. Letzten Samstagabend halb acht bis elf Uhr war ich beim Stadtpfarrer. Ich weiss nur, dass es sich bei den jetzigen Sitzungen auch vor allem um einen jüngeren, gegenwärtig noch an der Münchner Akademie studierenden Freiburger Musiker handelt. Er soll gut ausgewiesen sein. Der steckt vor allem dem Pfarrer im Kopf. 24 Jahre und noch völlig unerfahren. Ich mache mir also keine grossen Hoffnungen. Der Pfarrer kannte am letzten Samstag mein ausgezeichnetes Empfehlungsmaterial, das mich doch über so viel Praxis in Kirchenwerken ausweist, noch nicht und vor allem nicht im Detail, obwohl doch schon zwei Sitzungen stattgefunden hatten, um die reichlich eingelaufenen Anmeldungen zu sichten. Was kann man da machen? Wenn die Tonangebenden und Ausschlaggebenden sich einfach jemanden in den Kopf setzen und sich nicht einmal die Mühe machen, die praktischen Ausweise anderer Konkurrenten kennenzulernen. Am Samstag ist dieses Hauskonzert, das Ergebnis mehrerer hundert Stunden Arbeit. Nach dem Militär muss ich noch weiter arbeiten. Zu euch heim werden wir Anfang August kommen, ich denke am 2. August. Inzwischen herzliche Grüsse, Marie, Peter, Marianne und Johann

N.B. Es hat jemand die Kinder fotografiert und ich sende euch schnell das Ergebnis.

Peter und Marianne Fuchs.

Die Eltern Maria und Johannes Fuchs mit den Kindern Peter und Marianne in Zürich.

Johannes Fuchs eilte von einer Chorprobe zur andern, leitete neben dem Kammerchor auch noch den Männerchor Frohsinn für 1600 Franken pro Jahr, den Sängerbund Oerlikon für 1200 Franken pro Jahr, den Männerchor Harmonie in Baden für 1600 Franken jährlich, den Männerchor Wiedikon für 1200 Franken Jahresgehalt. 1937 bewarb er sich erfolgreich als Chorleiter in der katholischen Stadtkirche Baden. Für diese Festanstellung erhielt er einen Jahreslohn von 2700 Franken.

Die Mietkosten am Zeltweg beliefen sich im Jahr 1937 mit Estrich- und Kellerabteil auf 2000 Franken pro Jahr inklusive Heizung und Warmwasser; im Jahr 1938 stieg der Jahreszins auf 2500 Franken. Bei der letzten Erhöhung konnte Maria Fuchs noch einhundert Franken herunterhandeln *jedoch möchten wir keinesfalls unter diesen Betrag gehen*, schrieben die Vermieter Hanhart und Schmid Architekten.

« **Bei uns war die Küche immer voller gefärbter Stoffe. Die Mutter hat jeden Abend geflickt, genäht, denn wir hatten ja nichts. Sie hat jedes Kleid dreimal gewendet. Hüte und Ansteckblumen für Hüte und Broschen hat sie gemacht. Das war ihre Spezialität. Und sie arbeitete als Garderobiere im Schauspielhaus. Sie liebte das Theater, kannte die Tochter von Maria Becker, die Maria Fein. Das war eine ganz grosse Schauspielerin. Mutter wäre gerne Schauspielerin oder Sängerin geworden. Sie sang ja auch viele Jahre im Kammerchor, oft übernahm sie Solopartien. Sie hatte eine wunderbare Sopranstimme. Aber Vater nahm sich zu wenig Zeit für sie. Sie aber räumte ihm jedes Hindernis aus dem Weg, sorgte dafür, dass er seine Musik machen konnte.** »
Marianne Fuchs

Johannes Fuchs traf gegen 22 Uhr zu Hause ein. Die Kinder Peter und Marianne schliefen. Er fand seine Frau in der Küche am Tische sitzend, vor ihr ausgebreitet Filzstücke, Stecknadeln, Hutdraht, Gaze, Tüll, Schweissbänder, Gimpen (weicher, schnurartiger Faden zur Versteifung der Ränder) und Federn. Eine Dampfmaschine stiess zischende Geräusche aus. Es war warm und feucht in dem Raum. Seit der Geburt des ersten Kindes arbeitete Maria als Modistin für private Kundinnen. An ihren Händen klebten Härchen des feuchten Flors aus Kaninchenfell, den sie formte und bürstete. Johannes knöpfte seinen schwarzen Halsbändel auf, legte ihn auf den Tisch, setzte sich seiner Frau gegenüber und sagte: *Der Matthes will mich fertig machen.*

Maria stand auf, nahm einen feuchten Lappen, mit dem sie sich die Härchen von den Händen wischte, stellte den Teekessel auf die Herdplatte, kehrte zurück an den Tisch und entgegnete: *Ich dachte, es läuft gut.*
Johannes: *Tut es nicht, Matthes sagt, ich sei der Situation nicht gewachsen, so hat er sich ausgedrückt. Immer sitzt er in den Proben, und kaum drehe ich den Kopf zu ihm hin, schaut der demonstrativ weg.*
Maria: *Peterli ist heute den ganzen Tag so unruhig gewesen.*
Johannes: *Es sei eine Diskrepanz zwischen Wollen und Können, sagte der mir ins Gesicht.*
Maria: *Ja.*
Johannes: *Was ja?*
Maria: *Wollen und Können sind zwei Sachen.*
Johannes: *Aber doch nicht in meinem Chor!*
Maria: *Ich käme auch gerne wieder singen.*
Johannes: *Die «katastrophale Unruhe der Sänger» lösen in ihm ein peinliches Missbehagen aus. Dass ich nicht lache!*
Maria: *Mutter würde hüten.*
Johannes: *Ein peinliches Missbehagen!*
Maria: *Was meinst du dazu?*
Johannes: *Zu was?*
Maria: *Zum Singen.*
Johannes: *Jetzt hast du doch die Kinder.*
Maria: *Ich sitze nur immer hier zu Hause. Ich muss wieder mehr hinaus.*
Johannes: *Geh' spazieren! Die Kleinen brauchen viel frische Luft.*
Maria: *Ich will wieder mehr ausgehen. Wie früher. Ins Theater. Und singen möchte ich auch. Du hattest versprochen, mit mir zu üben.*
Johannes: *Himmelherrgott, wie soll ich denn jetzt noch mit dir üben, wo mich schon der Matthes zur Weissglut bringt mit seiner sprichwörtlichen Überheblichkeit. Geh' du lieber ein paar Tage nach Schwende. Mutter würde sich freuen.*
Maria: *Dort störe ich nur. Und Mina ist eine ewige Jammertante.*
Johannes: *Oprecht[5] hat eine offizielle Erklärung abgegeben.*
Maria: *Gut, dass er sich wehrt.*
Johannes: *Man kann nicht mit der Türe ins Haus fallen.*
Maria: *Aber man muss auch nicht diesen Rechten hinterherlaufen.*
Johannes: *Auf jeden Fall ist es besser, man mischt sich nicht zu sehr ein.*

Im Gerangel um Anerkennung und Aufstieg in den unsicheren wirtschaftlichen Jahren vor dem Zweiten Weltkrieg lud René Matthes seine Frustration beim jüngeren Kollegen Johannes Fuchs ab. Dieser hatte sich offenbar dazu bereit erklärt, ein Werk des als Komponist noch unbekannten Matthes einzustudieren und in der Tonhalle zur Uraufführung zu bringen. Matthes sass öfter in den Proben. In unzimperlichem Ton und mit kaum zu übertreffendem Zynismus erklärte er dem sechs Jahre jüngeren Fuchs in einem Brief, was und weshalb er alles falsch mache: *Mein lieber Johannes Fuchs. Es lief einmal ein Film mit dem Titel «Wie sag ich's meinem Mann». Sie erinnern sich vielleicht: nun, das war eine harmlose Sache. Viel weniger harmlos ist, was mir schwer auf dem Herzen liegt. Seit Tagen zerquält mich die Frage: wie sag ich's meinem Interpreten? Es bedrückt mich, dass ich an Ihnen Mängel entdecke respektive längst bemerkte Schwächen immer deutlicher sehe. Die Diskrepanz zwischen Sagen und Tun tut mir in diesem unserem Fall noch ganz besonders leid. Auch deswegen, weil ich die beste Meinung von Ihren Absichten habe und sehen muss, dass die technischen Vorbedingungen zu echten künstlerischen Leistungen unerfüllt bleiben. Deshalb muss ich den Proben jetzt fern bleiben.*

Das war scharfer Tobak für den ehrgeizigen Johannes Fuchs. Noch am gleichen Abend – es war ein Freitag – traf er Max Kuhn. Fuchs tobte. Kuhn beschwichtigte. *Johannes, du darfst dich jetzt nicht von solchen Querschlägern aus der Bahn werfen lassen!*, schrieb er Fuchs nach jenem Treffen. Der Chor könne sich momentan nicht noch mehr interne Zänkereien leisten. Die Einstudierung der «Krönungsmesse» von Mozart stehe für die Wintermonate an. René Matthes' Unzufriedenheit dürfte darin gewurzelt haben, dass er seinerseits unter Druck geraten war. Als Basler Orchester- und Chordirigent und ab 1931 als Komponist und Musiklehrer in Zürich lebend, hatte er einige seiner Notensätze an den Schweizer Kirchenmusikdirektor und Musiklehrer Bernhard Henking[6] geschickt, der damals noch Kirchenmusiker in Magdeburg war. Im August 1934 schrieb dieser zurück: *Ich habe mir die von Ihnen verfasste Laienmusik genauer angeschaut. Einige Nummern dieser Kompositionen würden es sehr wohl verdienen, bekannt zu werden, andere wiederum sind mir zu gekünstelt, auf keinen Fall zwingend im Ausdruck.* Henking bezog sich auf ein früheres Schreiben an Matthes, worin er ihm zu erklären versucht hatte, was er mit dem *strengen Satz* meinte. Matthes habe ihn gänzlich *falsch verstanden. Er habe offensichtlich nie eine strenge Schule durchgemacht, was jedoch unabdinglich sei, wenn man im freien Schaffen erfolgreich sein wolle. Matthes wiederum warf Henking vor, er habe bei der Beurteilung seiner Kompositionen vor der Türe Halt gemacht, indem er nur von Grammatik gesprochen habe. Henking konterte, das sei es ja gerade, was man immer zuallererst beurteile. Das Tiefere sei nicht Sache der Beurteilung, sondern des Empfindens. Somit stellt sich die Frage, wie man durch die Türe eindringen soll, wenn die Hindernisse vor der Türe nicht beseitigt worden sind.*

Brief von Bernhard Henking an René Matthes.

Auch dies ist keine in ihrer inneren Spannung ausgeglichene Linie, viel=
mehr ist sie überhaupt ohne jede Spannung oder spannungsmässige Bezie=
hung. Und ohne Spannung kann nichts werden. Polemos pater panton, der Kampf
ist der Vater aller Dinge. Auch die Zielstrebigkeit fehlt hier völlig:

(Von ewiger Weisheit, N° 2.)

Sehen Sie sich einmal folgenden Kanon von Christian Lahusen(aus dem
Kreis um Jöde)an:

Lauer dot üs Slav, lever dot üs Slav, lever dot, lever dot üs Slav.
(Niederdeutsch:Lieber tot,als Sklave.)

Hier ist Drängen nach einem Höhepunkt, hier ist organischer Aufbau,
die Sprünge der Melodie kommen ganz aus dem Geist des Textes, eines
nordfriesischen Spruches.
Auch bei Bach, bei Schütz und vielen alten Meistern findet man hunderte
von hierher gehörigen Beispielen.
Sehr schön in der Linienführung ist dagegen "Die Ros' ist ohn' Warum".
Ueberhaupt scheint mir sowohl aus Ihrem Schreiben wie auch aus den Wer=
ken selbst eine gewisse Inkonsequenz und Widersprüchlichkeit zu sprechen.
Einmal sagen Sie, Ihr Schaffen habe mit strengem Satz gar nichts mehr zu
tun. Dagegen sind die letzten 4 Takte von N° 2 des Tageliedes ganz in
Bachischem Stile gehalten, in der organischen Melodieführung wie auch
in der Rhythmik, für deren Bedeutung innerhalb des strengen Satzes
ich nur den Begriff der Komplementärrhythmen anführen möchte.
Anlehnung an derartige Satzweise findet sich auch in dem Kanon in
N° 2 Von der lebendigen Seele.
Sie sprechen auch einmal von natürlichem Singen in Ihren Stücken, von
kraftvoll unsentimentalem Strömen der Stimmen. Nennen Sie Stimmen wie
im Tagelied noch strömend?Z.B.:

oder

Auch Sangbarkeit gehört zum in gewisser Hinsicht zum strengen Satz.
    Nun zu den Chorgesängen Von der lebendigen Seele.
N° 1.
    Die Linie der hohen Stimmen ist wieder ganz ohne innere
Spannung infolgedessen wird der Höhepunkt nicht als solcher empfun=
den und bleibt wirkungslos. Die Beziehung der Stimmen zueinander ist
mir völlig schleierhaft, ebenso die Bedeutung der rhythmischen Verschie=
bung auf der zweiten Zeile. Unpathetisch und dürftig sind ganz verschiedne
Begriffe. Der ausgehaltene Schlusston im Sopran dürfte stimmtechnisch
Schwierigkeiten machen.
N° 2.
    Der Ausdruck bei "weg weg" ist zwar klar, aber nicht überzeugend.
Ueber den Kanon siehe oben. Ganz unerträglich ist für mich die enhar=
monische "Modulation" von f-moll nach e-moll und zurück. Sie klingt schlecht
sie überzeugt keineswegs, ihre Notwendigkeit leuchtet nicht ein. Der Schluss=
teil von N° 2 ist dagegen von durchaus fesselnder Ausdruckskraft. Hier ist
die Enharmonik in Takt 5-6 auf Seite 5 aus dem Text zu rechtfertigen

Einer von Henkings Studenten, der sich ebenfalls mit Matthes' Kompositionen befasst hatte, setzte im September 1934 in einem Schreiben an Matthes noch eins drauf, als er schrieb, Henkings Hinweis auf das Fehlen des strengen Satzes sei gleich zweimal missverstanden worden. Von *Scholastik* könne nämlich in Henkings Studium keine Rede sein. Er verlange zwar das ganz intensive Studium, nicht aber das Komponieren des strengen Satzes. Ferner zitierte der Student Max Reger, der gesagt haben soll «*1000 Harmonieaufgaben, 500 Kanons und 100 Fugen machen, dann können Sie was!*»

Vater und Mutter Fuchs in Schwende, beide kränkelnd, fragten in regelmässigen Abständen brieflich in Zürich nach, wie das Befinden sei, und schilderten ihren Alltag in Schwende.

Auszug eines Briefes von Vater Johann Anton Fuchs an seinen Sohn und dessen Familie in Zürich.

Johannes Fuchs' Eltern Johann Anton und Magdalena Fuchs-Hautle.

Vater Johann Anton Fuchs mit Sohn Johannes.

Meine Lieben, euer langes Stillschweigen erfüllt uns mit Unruhe. Es wäre doch so manches mitzuteilen. Wir vermuten die Grippe, anders können wir uns das Verhalten der Zürcher Familie nicht erklären. (23. Februar 1939)

Vater Fuchs erzählte weiter vom ausklingenden Winter mit wenig Schnee, dass sich die Jugend trotzdem zu helfen wisse, indem sie mit ihren Schlittschuhen und Reitgeissen an Abhängen und auf Strässchen hinuntersause.

Mit dem Einmarsch der Deutschen in Polen am 1. September 1939 begann der Zweite Weltkrieg. In Zürich fand noch bis in den Oktober hinein die «Landi» statt, die man ab sofort als «Manifestation nationalen Selbstbehauptungswillens der Schweiz» deklarierte. Am 2. und 3. September wurde die Allgemeine Mobilmachung ausgerufen. Fast eine halbe Million Männer mussten Aktivdienst leisten. Unter ihnen war der freischaffende Musiker Johannes Fuchs, der ein minimales festes Einkommen hatte, aber inzwischen Vater von drei kleinen Kindern war. Kurz zuvor war der Familie die Wohnung am Zeltweg gekündigt worden. Die Liegenschaft am Rande des Artergut-Parks musste einem Neubau weichen.

> « Vage erinnere ich mich an den Umzug vom Zeltweg ins Seefeld. Während des Krieges waren wir oft im Luftschutzkeller. Und dann hiess es immer: ‹Die Butter dürft ihr nicht essen, die ist für Vater, wenn er nach Hause kommt.› Er kam und ging. Er hatte eine Pistole. Im Wald baute er einen Unterstand. Und einen Notenständer aus Holz. »
> Marianne Fuchs

Das Haus im Zürcher Seefeld, in welchem die Familie Fuchs ab 1939 wohnte.

« Ich war sechs Jahre alt, als der Vater in den Tobelhof einrücken musste. Das war ein alter Bauernhof in Gockhausen oben. Er war Fliegerbeobachter. Von dort hatte er Sicht auf den Dübendorfer Flugplatz. Aber er musste trotzdem Geld verdienen. Also hat er seine Zeit so eingeteilt, dass er tagsüber weiterhin Gesangsstunden geben konnte. Mit den Chorproben wurde es zunehmend schwirig, weil Sängerinnen und Sänger – es handelte sich ausschliesslich um Laien – ja nur abends für Proben zur Verfügung standen. Für die Nachtwache musste er zurück auf seinen Posten und kehrte am Morgen heim. Er hielt das durch, die ganze Zeit. »
Peter Fuchs

« Am Sonntag sind wir mit der Mutter jeweils zu ihm hoch marschiert. Vater hat dort auf seinem Posten im Wald, wo er Nachtwache halten musste, einen Unterstand gebaut. Während die anderen schliefen, hatte er verbotenerweise Bäume dafür gefällt. Er sagte, er brauche Schutz gegen hinten hin. Für den Fall. Und einen Notenständer aus Holz baute er sich und lernte in der Nacht die Partituren. »
Marianne Fuchs

tenchef Johannes Fuchs.

Lieber Noten als Gewehre: Gefreiter Johannes Fuchs im Aktivdienst beim Musikstudium.

Am 9.September 1939 schrieb Fuchs aus dem Militär an Maria, dass es ihm gar nicht gefalle im Dienst. Ob sich zu Hause jemand nach ihm erkundigt habe. Und ob Kuhn seine Stunden noch geben könne. Er habe das peinliche Gefühl, für nichts und wieder nichts aufgehalten zu werden. Es werde in Sachen Kriegstechnik, trotz dem Ernst der Lage, nichts gelernt. *Achtungsstellung, Grüssen und Gewehrgriff und etwas Auffrischung der Marsch- und Meldedisziplin, das ist alles. Und singen tun sie immer denselben alten Mist.* Es ärgerte ihn, dass die Soldaten während ihrer Gefechtsübungen die Herbstzeitlosen auf den Wiesen zertrampelten. Er habe sich am zweiten Tag zur Infanteriekanone (IK) gemeldet, doch man habe von der ganzen Mannschaft nur vier Mann genommen. *Ich verstehe ja wohl nichts davon, aber mir scheint, im Ernstfall wären jene die tüchtigen Verteidiger, die nicht nur Gewehr schiessen, sondern wenn es darauf ankommt auch LMG (lies: Leichtes Maschinengewehr) und MG (lies: Maschinengewehr) oder IK bedienen können. Ich lese das C-Dur Klavierkonzert von Mozart. Mögen die anderen vom Viehhandel reden. Tu schön sparen, meine liebe Frau, damit wir über diese saure Zeit hinwegkommen.*

Gleichentags schrieb er auch seinen Eltern in Schwende: *Meine Lieben! Schon lange wollte ich euch schreiben. Jetzt endlich und zwar mit grossen Buchstaben, dass es die Mutter gut lesen kann. Wir sind bekümmert, weil sie krank ist. Peter hat sofort vorgeschlagen, man müsse zu ihr gehen und sie besuchen. Der Vater möge so gut sein und uns immer wieder schreiben.*

In Zürich trafen Briefe von Mitgliedern des Kammerchores ein, die ebenfalls im Militärdienst waren. Turi K. schrieb, Otto Scheiber, KP I 105, habe ein *Flohnerpöstli* erwischt und ein *Chörli* gegründet. In seiner, Turis, Kompanie, werde nur gesoffen und Krach gemacht, wie in allen Stabskompanien *eine zusammengewürfelte raue Bande.*

Am 13. September 1939 verdankten die Schwendener Eltern eine Ansichtskarte ihres Sohnes. Der Vater schrieb: *Kochs Johann hat eben drei Tage Urlaub erhalten. Direktor Signer und Josef Inauen nebst sechs anderen besorgen die Fliegerabwehr auf dem Hohen Kasten. Sie müssen sich selbst verpflegen. Auch in der Bollenwies und auf dem Säntis sind Beobachtungsposten stationiert. Wir sind ordentlich dran. Die Mobilisation hat uns zwar auch etwas erschreckt, obwohl man ja das nahende Kriegsgewitter voraussah. Wir haben uns für zwei Monate verproviantiert. Aber ich befürch-*

te, der Krieg dauert länger, als man anfänglich erwartete. In Schwende ist es recht still geworden. Manser Albert ist am Tage der Mobilisation gestorben und wurde in Schwende beerdigt. Alle Gäste sind heimgekehrt, und auch Touristen hat es an den schönsten Tagen nur wenige. Letzthin hat Herr Gattringer die Orgel gestimmt. Er sagte, es hätten Lehrbuben auf den Pedalen herumgetrampelt und da seien an einzelnen Orten die Federn aus ihrer Lage gesprungen.
Hochwürden Herr Dekan Breitenmoser, der einige Jahre in Gonten als Kaplan wirkte, kommt als Primissar nach Brülisau.
Von Magdalena vernehmen wir nichts. Ich denke, Gutes weiss sie nicht, und Schlimmes dürfen sie nicht schreiben. Wie kommt's auch noch heraus? Die liebe Mutter und Base Mina regen sich wegen den Zeitungsberichten oft auf, mir macht es nicht viel. Dein Vater.

Lieber Johannes, die liebe Mutter schickt dir hier Socken und Strümpfe. Wir wünschen dir fröhliche Weihnachten. Bei uns geht es den gewohnten Gang. Gestern habe ich den Hauptmann Dobler getroffen. Er lässt dich herzlich grüssen. Das von der Musikgesellschaft, Männer- und Frauenchor Appenzell veranstaltete Konzert zu Gunsten der Soldaten war schwach besucht. Lass auch wieder von dir hören. Dein Vater. (22. Dezember 1939)

Im Februar 1940 schrieb der Vater aus Schwende, Magdalena habe auch weiterhin nichts mehr von sich hören lassen, sich aber in einem früheren Brief darüber beklagt, dass ihr Halbbruder, er, Johannes, sie offenbar aus seinem Gedächtnis gestrichen habe. Wenige Wochen später meldete er, dass Luise wieder in anderen Umständen, das Margritli Haas immer noch im Schulhaus sei und einen fünfzehn Zentimeter langen Wurm erbrochen habe; dass Emil als Briefträger in Brülisau aushelfen müsse und Josefa, die vom Beat, nun auch bei der Base Amarei wohne; dass Kaplan Bischofberger, der als Student beim Pfarrer in Schwende aushalf, im Alter von dreissig Jahren an Schwindsucht gestorben sei. Felsenburgs Fässler Josef habe mit einer Zigarre im Mund die militärisch bewachte Haggenbrücke überqueren wollen und habe dem Soldaten, der ihn daran hindern wollte, mit der Faust ins Gesicht geschlagen, so, dass dieser im Spital St. Gallen und später auch noch in Luzern habe behandelt werden müssen. Das werde bestimmt noch ein Nachspiel absetzen.

Im Juli 1940 traf endlich Post von Johannes Fuchs in Schwende ein, welche der Vater umgehend verdankte. Er äusserte sich überrascht, dass ihr Sohn immer noch Aktivdient leisten musste, da seines Wissens die Diensttuenden seines Jahrgangs doch vorläufig entlassen worden seien. Vater Fuchs berichtete von den wenigen Kurgästen in Weissbad und Umgebung, er kannte sogar die genauen Zahlen: *Im Alpenblick sind es drei, in der Frohen Aussicht sechs und im Belvédère siebzehn. Im Weissbad haben sie die Aktien wieder herabgesetzt. Das Kurhaus samt allem Zubehör ist noch auf 80 000 Franken geschätzt. Aktiengesellschaften wissen immer ein Mittel, um weniger Steuern bezahlen zu müssen. Euer Vater.*

Ab August wurden die Nachrichten aus dem Appenzellerland seltener. Vater Fuchs schrieb nicht mehr selber. Josefine, die Frau seines Stiefsohnes Anton, berichtete von einem schweren Magenleiden des Vaters, von schlaflosen Nächten, Arztbesuchen, Einlagen, von der Angst der Mutter, vom schlechten Wetter, dem Nebel und erneut auftretenden Diphtheriefällen: *Dem Frenzeli Grubenmanns 12-jähriges Töchterlein ist eben zu Grabe getragen worden.* Öfter schrieb fortan auch die Mutter: *Meine Lieben! Wir haben nun nichts mehr erfahren, seit ihr von hier fort seid. Das schöne Wetter ist verschwunden. Der Schnee hat sich uns gezeigt, und es ist schon viel kalt und unfreundlich. Zum Emden auch nicht angenehm, obschon die Leute immer dran sind. Niemand kann am Wetter etwas ändern. Der liebe Vater hat in der letzten Zeit viel Magenweh gehabt. Wir mussten den Arzt kommen lassen, der dann auch die Mina wieder tröstete. Des Nachts einige Male aufstehen mochte ich auch fast nicht erleiden, es war so kalt, man wollte gar nicht heizen, das koste zu viel. Der liebe Vater steht jetzt später auf. Wir sind halt mehr in der Küche, da ist es wärmer, und dann muss die Bettflasche aushelfen. Wie geht es bei euch? Ich schicke den beiden Grösseren Strümpfe. Ich hoffe, sie werden recht sein und sie dieselben brauchen können. Ich bitte euch, lasst etwas hören von euch. Wir senden an alle die herzlichsten Grüsse, eure Eltern, Grosseltern und Base Mina. (30. August 1940)*

> **Die Schwendener Grossmutter war eine ganz liebe. Sie wusste, dass wir so gerne Ovomaltine hatten. Sie hielt sie feucht, damit es Blöcke gab, wie später Ovo-Sport. Wenn wir zu Besuch kamen, hatte sie für uns immer Ovomaltine-Blöcke parat.**
> Marianne Fuchs

Meine Lieben! Ich übersende hier etwas für die Kinder. Ich weiss zwar nicht, ob meine Arbeit der lieben Maria passt oder nicht. Ich bin in einigen Sachen recht ungeschickt und könnte eine Lehrerin brauchen. Bitte, liebe Maria, sage mir, was recht und nicht recht ist. Gegenwärtig sind wir immer etwas ängstlich, weil Vater des Nachts so Magenschmerzen hat, dass wir nicht schlafen können. Es war scheints nie möglich, dass Johannes uns besuchen konnte. Immer ist der Krieg ein Hindernis. Luise hat uns Grüsse überbracht, unerwartet seid ihr zusammen gekommen. Hat sie gesagt, dass der Milchmann Dörig gestorben ist? An der Appenzeller Kilbi war er noch in Appenzell, hat sich erkältet, musste ins Krankenhaus und starb dort. Peter und Marianne wissen, wer es ist. Frau Franke ist auch schnell gestorben. Sie war der Agnes ihre Schwester. Viele Appenzeller mussten wieder einrücken. Josef ist für einen Monat entlassen. Wie geht es Mutter und Vater Schmidt und Marias Schwestern? Ich weiss nicht mehr, was ich schreiben könnte. Das Bild von der Ursula hat uns gefreut. Wir danken sehr dafür. Seid alle recht herzlich gegrüsst, eure Mutter. (24. Oktober 1940)

Lieber Johann! Könntest nicht einmal einen Besuch machen beim lieben Vater? Es steht heute nicht gut. Bestens grüsst die Mutter. (28. Oktober 1940)

Vater Johann Anton Fuchs starb im Dezember 1940.

Einen Monat zuvor, im November 1940, fand im Zunfthaus zur Meise in Zürich die Gründungsmatinée der Mozartgesellschaft statt. Zu den Mitbegründern gehörten Johannes Fuchs, Max Kuhn, Ernst Hess und als juristischer Berater Leonard Gander. *Aufgrund der Tatsache, dass viele Kompositionen des grossen Meisters nur sehr selten oder gar nicht zu Gehör gebracht wurden, hat es eine Gruppe von Zürcher Musikern unternommen, eine Gesellschaft ins Leben zu rufen, die sich mit der besonderen Aufgabe befassen sollte, die nicht bekannten Werke Mozarts zur Aufführung zu bringen,* schrieben sie zu dem Vorhaben.

Lieber Johann! Ich muss dir heute schreiben, weil die Zeitung noch immer kommt. Hast du sie nicht abbestellt? Josef meinte, er wolle die Hälfte bezahlen, aber ich will sie nicht! Ich wünsche dir und allen den Deinen viel Glück und Segen zum Neuen Jahr. Bis jetzt habe ich wenig Karten erhalten, ich muss wenige erwidern. Heute hat die Hedwig hier geschlafen. Es wird schon wieder besser werden. Die Josefa ist jetzt bei Beats. Sie habe ein warmes Zimmer. Du müsstest auch nicht so gross schreiben, ich konnte es ja lesen, wenn du mir etwas schreibst. Gestern wurde in Heiden Herr Bänziger beerdigt, 89 Jahr war er alt. Albert hatte grosse Freude an Vaters Schuhen. Es haben zwei Mädchen das Kästlein gebracht, das der liebe Vater ob dem Pult hatte für Gesangbüchlein. Herr Lehrer sagt, er brauche es nicht. Soll ich dir dasselbe schicken oder noch zuwarten? Es ist ein schönes Kästlein. Ich grüsse alle herzlich. Auch Mina wünscht gutes neues Jahr. Eure Mutter, Grossmutter. (Januar 1941)

Ab 1941 konnte Johannes Fuchs als Teilzeit-Ziviler seinen Verpflichtungen in Zürich und Baden wieder regelmässiger nachgehen.

» **Als kleinen Bürzel hat mich der Vater oft nach Baden mitgenommen. Nach der Messe ist er in die ‹Harmonie› gegangen. Der Beizer dort war mein Götti. Ich habe bei einer Bekannten des Vaters gewartet. Wenn der Zug von Basel kam, brachte sie mich zum Bahnhof. Und wir warteten dort, bis Vater endlich um den Rank bog, immer im Sprung. Er packte mich, wir stiegen ein, und der Zug fuhr los. Der Zugführer wusste immer, der kommt noch.** »
Peter Fuchs

Im gleichen Jahr weilte Johannes Fuchs an einer Weiterbildung für Gregorianik am Genfersee. Von dort schrieb er seiner *Lieben Frau*, dass er immer noch auf Post von ihr warte und nicht verstehen könne, warum sie noch nicht geschrieben habe, da er ihr doch längst die Adresse seines Aufenthaltsortes mitgeteilt habe. Er berichtete über die Art der Vermittlung der Choralwissenschaft, über die praktischen Beispiele, die ihn nicht zu überzeugen vermochten. Die Haltung und Beherrschung des Stoffes seien zwar da, doch das Singen – *das ist nichts! Kein Ton, keine schöne Intonation. Herr Scheel, Baumgartner und die Vice-Organistin sind auch hier. Scheel ist freundlich zu mir und sagt sogar Herr Collega. Aber*

Zürich, 3.3.41

Sehr geehrter Herr Fuchs!

Brief von Jakob Bertschi an Johannes Fuchs.

> Dass Ihr gestriges Konzert in der Tonhalle ein dringendes Bedürfnis war, bewies, trotz Fasnacht und dem schönen Frühlingstag der ganz überraschend starke Besuch. Was Sie zusammen mit Herrn Ernst Kunz, den ganz vorzüglichen Solisten, dem Orchester und dem Chor geleistet haben, bildet ein ganz besonders wichtiges Ereignis im Musikleben unserer Stadt. Langsam wird nun doch endlich die Verherrschaft in der Tonhalle gebrochen.
> Der Chor mit seiner vorzüglichen Disziplin, seinen hellen klaren Stimmen, namentlich auch dem strahlend reinen Sopran vollbrachte eine glänzende Leistung.
> Mit meisterhafter Ruhe und Umsicht haben Sie das Konzert geleistet. Sie hatten einen grossen Tag und auch einen grossen Erfolg. Das freut mich ganz besonders und entbiete ich Ihnen dazu meine aufrichtigsten, herzlichen Glückwünsche.
> Mit freundlichen Grüssen, Ihr
>
> Jakob Bertschi
> ZÜRICH 6, Rütschistr. 17
> Telephon 63.132

gestern erzählte er in einem Zusammenhang unter Nennung meines Namens von Kalberer. Der hätte einmal bei mir Stunden gehabt; er habe trotz seiner Stämmigkeit eine so kleine Stimme, das liege natürlich nur an der Unterrichtsmethode.
An der «Methode» – der Esel – und so unnötig verleumden. Von dem Herrn muss man sich in Acht nehmen. Vier Jahre später wurde Johannes Fuchs Josef Gallus Scheels Nachfolger als Domkapellmeister in St. Gallen.
Bei dem in Genf ebenfalls anwesenden Baumgartner dürfte es sich um den damaligen St. Galler Domorganisten Viktor Baumgartner gehandelt haben. Dessen Sohn Paul war zu diesem Zeitpunkt bereits ein bekannter Pianist. Johannes Fuchs und Paul Baumgartner waren fast auf den Tag gleich alt; Letzterer wurde 1903 in Altstätten geboren und studierte später in München und Köln. Von dort musste er im Jahr 1935 überstürzt abreisen, weil er sich gegenüber dem Nationalsozialismus kritisch geäussert hatte. Ab 1937 war er

am Konservatorium Basel tätig und leitete dort eine Meisterklasse für Klavier. Die junge Idda Heuberger war in ihrer Funktion als *Vice-Organistin* im Dom St. Gallen an dem Weiterbildungskurs dabei. Ihre Kindheit hatte die 1923 geborene Ida Agnes Heuberger, so ihr Taufname gemäss Geburtsschein, mit den Eltern und zehn Geschwistern in einer zur ehemaligen Klosteranlage St. Gallen gehörenden Wohnung verbracht. Der Vater amtete als Sakristan und Hauswart. Heute sind die umgebauten Räume Teil der katholischen Sekundarschule Flade.

Die junge Idda Heuberger an der Orgel.

Meine Lieben! Ich danke auch für die Karte von gestern. Ich hätte mit Freude dich selbst empfangen, aber es konnte nicht sein. Nun denn in Gottes Namen Geduld haben. Ich hoffe, es wird auch bald etwas wärmer werden. Einen Ofen hätte ich schon hergewünscht. Zwei Tage letzte Woche bin ich erst um zehn auf, weil es so kalt war. Am Sonntag wars besser, weil Josef daheim war. Zins und Milch kann ich noch bezahlen. Es hat keine Not. Mina hätte noch Geld. Schreibe mir nicht auf Karte, ich will dir die Marken schon vergüten. Letzte Nacht habe ich viel gehustet, aber es geht schon besser. Immer ist so kalte Luft. Bei Antons ist des Brogers Bub zu hüten, weil das kleine Mädchen Diphtherie hat. Sie dürfen nicht zusammen. Luise hat die Zahnwurzeln ziehen lassen. Jetzt geht es ihr besser. Bald kommt die Hedwig aus der Schule. Im Adler haben sie Militär. Heute Morgen haben zwölf Mann hier auf der Strasse exerziert. Junge Burschen, die sind bei Wicks einlogiert.

An der Mission haben 3 Personen nicht teilgenommen. Der Herr Pfarrer hat es hier gesagt. Es waren gute Missionäre. Viel Volk ist gegangen. Zu uns ist auch einer gekommen. Mich hat es jedes Mal angemacht, auch gehen zu können. Manches Mal habe ich drei Rosenkränze gebetet, bis es aus war. Der liebe Gott wird das auch erhört haben. Glaubst du nicht auch? Auf dem Friedhof hat es jetzt an der ganzen Reihe Einfassungen. Ich konnte noch nicht bezahlen. Ich werde auch ein Weihwasser-Geschirr kaufen, wie Bruder Franz eines hat. Eure Mutter. (18. März 1941)

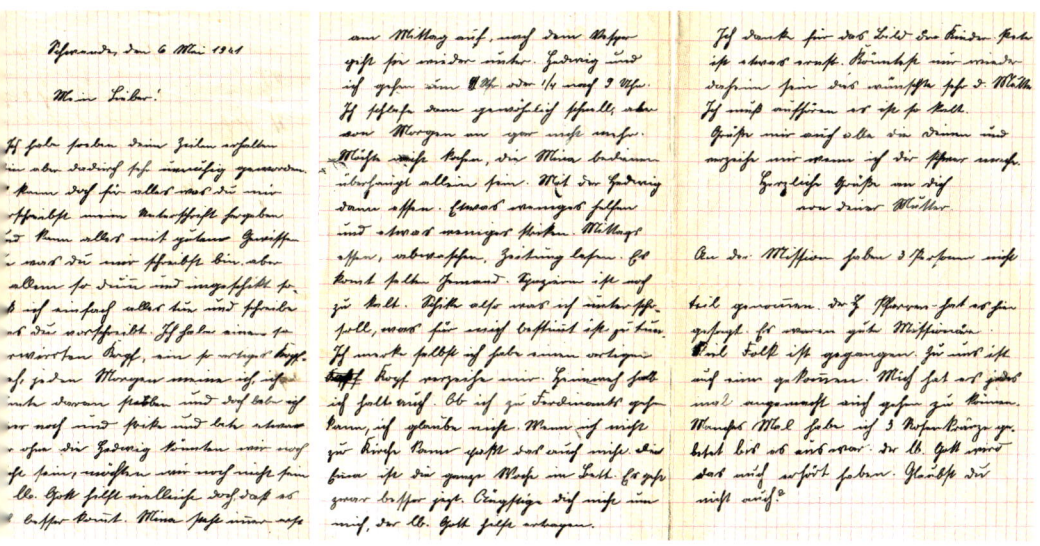

Brief der Mutter Magdalena Fuchs-Hautle aus Schwende.

Lieber Johann, letzte Woche hatte es viele Pferde und Soldaten in Schwende. Vor unserem Hause hatte alles Stillstand. In Hinterschwende wurde auch geschossen. Auto hatte es bis jetzt fast keine. Am Sonntag alles Velo. An einigen Orten heuet man. Warte nicht zu lange, bis du wieder schreibst. Soll ich nach Zürich ein paar Hemden schicken und Socken? Die Hemden könntest du gut tragen. Beten wir, dass du gesund bleibst. Mutter und Grossmutter. (20. Juni 1941)

Lieber Johann, ich will nur kurz mitteilen wegen Josef. Er kam abends noch hinauf bevor dem Zubettgehen und fragte, ob es für den lieben Vater eine Stiftmesse gebe, ich wusste es noch nicht und meinte, ich vermöge es nicht. Dann sagte er, er gebe mir auch zwanzig Franken vom nächsten Zins, und Mina gebe mir sicher auch etwas. Ich wollte mich noch besinnen, zählte dann nachher mein Geld, es weiss sonst niemand etwas. Ich ging andern Tags zum Herrn Pfarrer und bestellte von mir aus die Messe, nur fragte ich Mina, ob sie mir dann aushelfe, wenn ich bis Neujahr nicht auskomme. Ich glaube zwar, es reiche mir. Das Steuerrechnen ist mir zuwider, ich mag mich nicht damit befassen. Habe noch nichts getan, nichts bezahlt. Der Herr Pfarrer weiss nichts von Josef. Ich mache alles von mir aus. Ich habe Josef nichts weiter gesagt und er hat nichts mehr gefragt. Beste Grüsse von der Mutter an alle.

Meine Lieben! Es war mir leid gestern, dass es nur so zu einem raschen Winken kam, nun, es war halt kurz, zu kurz. Ich habe heute diesen Brief erhalten. Leider verstehe ich nicht, was er zu bedeuten hat. Ist es wegen einer Versicherung, oder wegen Bernhard? Ich weiss nicht. Ich will dir dann die Marken schicken, die du auslegen musst. Vorläufig habe ich keine hier. Sei so gut und mache es, ich kann es nicht, weil ich nichts verstehe. Betreff Hausfrieden ist es etwas besser geworden. Dem Beat seine Frau hat die Luise etwas zum Bessern aufgeklärt. Lange hast du nichts hören lassen, sehr lange, warte nicht mehr so lange. Ist daheim alles gut und wo weilst du? Es waren gestern den ganzen Tag Anbetungsstunden. Am Mittag bis fast zwei Uhr bin ich in der Kirche gewesen und dann auf dem Friedhof. Ich war dann sehr müde. Ich hoffe, du wirst mir dies machen und es mir einmal erklären, wenn es dir möglich ist. Ich grüsse dich und die Deinen recht herzlich. Könnten wir erbeten, dass es bald Frieden würde. Base Mina grüsst auch alle herzlich. (11. September 1941)

Liebe Mutter! Es war wirklich schade, dass ich letzten Montag nicht früher aus den Bergen sein konnte. Aber wir waren zum Teil sehr durchnässt, und schliesslich musste ich mich im Tempo des Abstieges etwas den andern anpassen. Ich hoffte nun, dich gleich anfangs dieser Woche besuchen zu können. Nun ist aber mein Organist in Baden krank geworden; jetzt muss ich diese Woche für die Requiem wieder selber gehen, fast jeden Morgen. Im Oktober gebe ich in Appenzell einen dreitägigen Kurs im Cäcilienverein, da werde ich dich auch besuchen können, vielleicht kann ich sogar zum Schlafen heimkommen. Hier habe ich ein grosses Werk in Arbeit. Mozarts Requiem. Am 7. Dezember führe ich es in der Tonhalle Zürich auf. Vorläufig bin ich jeden Tag mehrere Stunden damit beschäftigt. Der Brief von der Versicherung war ein Missverständnis. Die Versicherung kann erst in sieben Jahren ausbezahlt werden. Man hat in St. Gallen gemeint, ich sei gestorben; ich heisse eben auch Johann Fuchs. Auf Wiedersehen, Mutter, gedulde dich noch etwas, bis mir ein Besuch möglich wird und schreibe mir recht bald wieder. Herzliche Grüsse an dich, aber auch an Base Mina und an Antons, dein Johann. (14. September 1941)

Meine Lieben alle! Ich danke dir, lieber Johann, für deinen Brief. Wegen jener Versicherung habe ich nicht mehr schlafen können. Letzte Nacht gings besser. Leider hattest du gar nicht Zeit, hierher zu kommen. Du hast immer so viel Arbeit. Könnte ich nur etwas helfen, es liegt nicht in meiner Macht. Ich gehe nun selbst auf die Post, weil ich keine Marken habe. Wenn nur das Militär heim könnte. Kannst an Albert den Brief befördern? Ich freue mich, dich daheim zu wissen. Wir sind meistens in der Küche. Gruss von Base Anna Marie. Heute war sie da. Geht Peter gern zur Schule? Der Küchenchef vom Säntis hat zwei Nächte hier geschlafen. Wir senden an alle die herzlichsten Grüsse. Mutter und Grossmutter und Base Mina. (27. September 1941)

Lieber Johann! Ich habe bis heute immer auf Besuch gewartet und glaubte, du wirst die Sachen mitnehmen. Nun heute ist Hedwig gekommen und nimmt das Paket mit. Wir wünschen gesegnete Weihnachten. Es ist langweilig, selbst nicht schreiben und so lange nichts lesen können. Ist die Sache auf der Kanzlei in Ordnung? Mina hat viel geweint wegen jener Steuer. Am Konzert warst du zufrieden, oder? Ich konnte nicht fort, weil die Strasse Eis hatte.

Die Schüler haben wieder gesammelt und sind heute Samstag mit Wagen nach Appenzell. Ich habe nicht viel beigetragen. Wenn du nicht kommen kannst, schreibe wieder, ich bitte drum. Hat Maria Arbeit auf Weihnacht? Grüsse alle die Deinen und Familie Schmidt. Frohe Weihnachten, deine Mutter. (22. Dezember 1941)

Für den Dezember 1941 plante Johannes Fuchs in Zürich die Aufführung des Mozart-Requiems mit seinem Kammerchor und der Original-Orchesterbesetzung mit Bassetthörnern. Diese Instrumente erbat er sich beim Winterthurer Unternehmer und Mäzen Werner Reinhart. Der Bruder des Kunstsammlers Oskar Reinhart, der im Jahr zuvor die Stiftung Oskar Reinhart gegründet hatte, antwortete Fuchs im November aus seiner Villa Rychenberg, wo sich häufig Künstler, Musiker und Literaten trafen, mit einem ausführlichen Brief, aus dem die grossen Kenntnisse hervorgehen, die Reinhart bezüglich Mozart und Instrumentierung besass. Reinhart förderte zahlreiche Musiker und Schriftsteller jener Jahre. Unter ihnen Richard Strauss, Arnold Schönberg, Alban Berg, Rainer Maria Rilke sowie den Zürcher Komponisten und Dirigenten Othmar Schoeck, der von 1917 und bis 1944 als Kapellmeister die Sinfoniekonzerte des Konzertvereins St. Gallen leitete.

Auszug aus Werner Reinharts Brief an Johannes Fuchs aus dem Jahr 1941.

Sehr geehrter Herr Fuchs,

Ihrem Brief vom 11. ds. habe ich mit Interesse entnommen, dass Sie am 7. Dezember das Requiem von Mozart in der Original-Orchesterbesetzung mit Bassetthörnern aufzuführen gedenken. Gerne hätte ich Ihnen hiezu meine Instrumente zur Verfügung gestellt, muss Ihnen nun aber zu meinem Bedauern sagen, dass dies insofern nicht möglich ist, als ich über meine Bassetthörner gerade in der gleichen Zeit schon anderweitig verfügt habe. Im Sommer d.J. bat mich nämlich der mir befreundete Herr Musikdirektor August Oetiker, ihm meine Instrumente, die er schon bei einer früheren Aufführung einmal benutzte, für seine am 29. und 30. ds. in Thun (Cäcilienverein) stattfindende Aufführung des Mozart Requiems wieder zu überlassen, welchem Wunsche ich gerne nachgekommen bin. So befinden sich meine Bassetthörner nun schon seit einigen Wochen bei Herrn Willi Tautenhan, dem Soloklarinettisten des Berner Stadtorchesters, welcher Musiker die Bassetthorn-Partien zusammen mit einem Schüler in Thun spielen wird. Natürlich könnte ich die Instrumente Anfang Dezember wieder nach Winterthur zurück verlangen, doch würde die Zeit dann doch nicht ausreichen, um Herrn Schenk und event. auch unserm II. Klarinettisten zu ermöglichen, sich noch für eine Auf-

Das Konzert vom 7. Dezember 1941 war von grossem Erfolg gekrönt. Johannes Fuchs wurde – auch ohne die Anwesenheit des St.Galler Domchor-Präsidenten, den er persönlich nach Zürich eingeladen hatte – gefeiert. Musikkritiker schrieben Lobeshymnen. Zahlreiche Dankesbriefe trafen im Zürcher Seefeld ein.

Schweizerische Armee - Armée suisse - Esercito svizzero

Stab oder Einheit: - Etat-major ou unité: - Stato maggiore o unità: Ort und Datum: - Lieu et date: - Luogo e data:

Kdo.Fl.Beob.Gr.5
M/w.

No. ....

K.P. 9.12.41.

Gefr.
Fuchs Johann,
Zürich.

Nachdem Ihr schönes Konzert, das mir einen unauslöschlichen Eindruck hinterlassen hat, vorbei ist, möchte ich Sie bitten, unsere kleine Weihnachtsfeier nun an Hand nehmen zu wollen. Es dürfte deshalb zweckmässig sein, wenn Sie noch diese Woche mit mir Fühlung nehmen würden, nachdem Sie Kenntnis genommen haben vom Weihnachtsstück, das Herr Oblt. Ammann geschaffen hat. Ich habe das Gefühl, wir müssen da mit der Musik und dem Gesang stark nachhelfen, damit aus der ganzen Sache etwas Eindrucksvolles wird, denn als Spiel allein gedacht finde ich das Weihnachtsspiel etwas zu naiv.

Mit soldatischem Gruss

Kdo. Fl. Beob. Gr. 5

Meyer Hptm.

Brief von Hauptmann Meyer an den Gefreiten Fuchs.

Kaum war die Welle der Begeisterung abgeflacht, drohten Mahnschreiben aller Art, die heitere Stimmung zu zerstören: Darunter ein Brief der Steuerbehörden mit Verzugszinsen wegen nicht getätigter monatlicher Ratenzahlungen in der Höhe von 100 Franken, die Fuchs jedoch *ausnahmsweise unter Berücksichtigung des geleisteten Militärdienstes* erlassen wurden.

Immer wieder kam es zwischen den Herren Fuchs und Matthes zu einem Schlagabtausch. Im März 1941 schrieb Matthes, ihm sei klar geworden, *dass Mozartgesellschaft und Kammerchor/Fuchs zwei verschiedene Dinge sind.* Im August schickte Fuchs eine Absage an Matthes bezüglich einer geplanten Bettagsaufführung von einer dessen Kompositionen: *Ich kann diese Komposition nicht anders als schwach finden. Du bist damit mehr noch als mit der Messe in eine Sackgasse geraten. Verbreite solche Erzeugnisse nicht.*

Aus Schwende kam die Nachricht, es sei ein Telefon einmontiert, aber im Weissbad der Anschluss noch nicht gemacht worden.

Von Josef Heinrich Dietrich traf ab Februar 1942 Post ein. Der 1874 geborene, also beträchtlich ältere, ursprünglich aus Vilters stammende Dietrich hatte wie Fuchs das Lehrerseminar Rorschach absolviert und früh begonnen, kirchenmusikalische Werke zu komponieren. Ab 1901 war er Lehrer, Dorfchronist und Leiter des Kirchenchores von Kirchberg – dem Komponistennest: 1918 hatte dort auch Paul Huber das Licht der Welt – und der Musik erblickt. Zwischen ihm und seinem Förderer Johannes Fuchs entwickelte sich eine lebenslange Freundschaft.

Dietrichs Kompositionen erhielten in Johannes Fuchs' Konzerttätigkeit ab den 1950er-Jahren viel Gewicht. Der Traditionalist aus Kirchberg, der die Neue Musik einmal als *Bolschewismus in den höheren Kreisen* bezeichnete, verfolgte Fuchs' Karriere sehr genau, er kommentierte in ausführlichen Briefen an ihn Zeitungskritiken und erzählte von gelegentlichen Besuchen in St. Gallen. Die renovierte Kirche in St. Georgen wünschte er im neuen Zustand besser nicht gesehen zu haben; die Kirche Heiligkreuz in St. Gallen empfand er nach deren Erneuerung als Abklatsch dessen, was sie früher darstellte, *mir kam sie vor wie eine Seelenfabrik, aufgerichtet hat sie mich gar nicht.* Im gleichen Brief schilderte Dietrich seine Empfindungen bei der Übertragung eines Konzerts von den Luzerner Festwochen: *Musik von Haydn, Beethoven, Debussy und zuletzt – Strawinsky – nach meiner Ansicht verrückte Dreckerei. Aber bei keiner Nummer gab es so frenetischen Beifall. Was verrückt und zerrissen ist, das zieht. So ist es in der Musik, in der Architektur, in der Malerei!*

Er werde Fuchs' Aufforderung nachkommen und ihm musikalisches Material zur Verfügung stellen, bitte aber, dafür zu sorgen, dass nichts verloren gehe, da es keine Abschriften gebe.

Kirchberg, den 21. Februar 1942.

Sehr geehrter Herr Direktor!

Sie kommen mir gerade recht!

In letzter Zeit wurden selbst von "grossen" Chören ganz leichte und oft verwendbare Motetten und Lieder gewünscht. Auch der Paulus=Verlag in Luzern ersuchte mich um Zusendung solcher Sachen. So fing ich in meinen alten Tagen wieder an, Noten zu schreiben- so zwischen all den Arbeiten, die man einem "Pensionierten" aufbürdet.
Ich lege Ihnen vor:
1.) Ein "O salutaris". Ich schrieb und "fühlte" es in Ges= Dur. Ein Kollege wünschte es in As= Dur. Ich lege beide Fassungen vor.
2.) Ein „Tantum ergo", geschrieben in F= Dur. Ein Kollege wünschte es in G= Dur (was mir nicht passt). Ich lege Beides vor.
3.) Ein Marienlied "Ave Maria".
4.) Ein Marienlied "Mutter der Barmherzigkeit". (Entwurf)
5.) Ein Predigtlied (Entwurf).
6.) Ein "Panis angelicus". (Entwurf).
Es würde mich freuen, wenn Sie davon etwas brauchen könnten. Fällt Ihre Wahl auf etwas, das nur mit Bleistift geschrieben ist (Entwurf), so will ich gerne ein Reinschrift besorgen.
Die Abfassung der kleinen Dingerchen hat mir viel Mühe und Arbeit verursacht, und da ich als "Pensionierter" nicht mehr an den vollen Fleischtöpfen Aegyptens sitze, wäre mir im Falle der Fälle ein kleines Honorar (das zu bestimmen ich Ihnen ganz überlasse) schon willkommen.
Sie haben wohl selbst schon erfahren, dass gerade die Komposition ganz leichter Sachen, sollen diese doch noch musikalisch etwas wert sein, eine recht schwere Aufgabe ist.
Da ich von den Dingerchen keine Abschriften habe, bitte ich Sie, dafür zu sorgen, dass davon nichts verloren geht.
"Dorfidylle" behalten Sie auf alle Fälle. Ich schrieb das Lied, weil "Dorfidylle" von Hugo Jüngst auch gar versungen ist.
Ich bin sehr froh, dass ich Gelegenheit habe, meine Dingerchen einem Fachmann und Praktiker vorlegen zu können, bevor ich sie dem Paulusverlag einsende. So kann ich erfahren, was ich allenfalls besser zurückbehalten soll.
Mit hochachtungsvollen Grüssen
Ihr

J. H. Dietrich.

Begleitbrief von Josef Heinrich Dietrich an den jüngeren Musikerkollegen Johannes Fuchs.

Im Mai folgte ein weiteres Schreiben, diesmal in vorwurfsvollem Ton: *Sehr geehrter Herr! Warum lässt man mich bis heute und immerfort ohne jeden Bescheid? Es kam weder eine Rücksendung noch irgendein Bescheid. So musste ich die Sachen aus dem Gedächtnis noch einmal schreiben.*

Mahnungen, Nachfragen, flehentliche Bitten und Drohungen: Sie flatterten mit zuverlässiger Regelmässigkeit ins Fuchsen-Haus. Der Meister hatte Wichtigeres zu tun, als von ihm bestellte und ihm zugeschickte Originalkompositionen zurückzuschicken, von denen es in jener Zeit häufig keine Abschriften gab, weil deren Anfertigung, musste man sie in Auftrag geben, sehr teuer waren. Kommerzielle Fotokopien konnten erst ab 1950 hergestellt werden. Auch die Rechnungen von Verlagen für bestelltes Notenmaterial ignorierte Fuchs stoisch.

Ob Schwägerin Josefines Brief aus Appenzell im Mai 1942 ein Indiz dafür war, dass sie um diese Versäumnisse wusste? Ihr Mann, der Schreiner Anton, Johannes Fuchs' Halbbruder, hatte in dessen Auftrag einen neuen Tisch gezimmert, der zum Spedieren nach Zürich bereit war. Sie bat nun aber ihren Schwager um die Vorauszahlung von 200 Franken, da *alle Geldtaschen im höchsten Grade die Schwindsucht haben.*

« **Der Anton war ein Gehörloser. Er hatte ein Hörrohr und war ein Einzelgänger. Er wanderte oft allein in den Bergen und malte ausgezeichnet. Mit Pastellkreiden. Bei ihm und der Base Josefine war ich gern. Beide waren so liebe, gutmütige Menschen. Anton war bekannt für seine Intarsien.** »
Marianne Fuchs

Die private Buchhaltung von Johannes Fuchs wies im Jahr 1942 ein monatliches Einkommen von 800 Franken auf. Nicht genug, befürchtete er. Nicht genug für die Bedürfnisse einer inzwischen fünfköpfigen Familie. *Aber wenig ist es nicht. Wer verdient heutzutage so viel mit der brotlosen Kunst,* resümiert er in einem Brief an seine Frau, die mit den Kindern einige Tage in Amden verbrachte.

Liebe Mutter! Bald muss ich ins Militär für sechs Wochen; auf einen einsamen, entlegenen Posten. Vorher möchte ich euch unbedingt noch besuchen. Im Sommer, wenn ich dann auf einige Tage in die Ferien komme, möchte ich auch dem lieben Vater einen einfachen schönen Grabstein setzen lassen. Du Mutter und ich zusammen werden das schon leisten. Ich habe nun wieder allerhand konzertiert. Gestern gab ich ein Konzert für die Griechen-Kinder. Es gibt 1200 Franken für die Griechen-Kinder; ein voller Erfolg. Herzlichen Gruss deines Johann. (18. Mai 1942)

Liebe Mutter! Ich bin im Dienst, das weisst du ja, auf einem einsamen Wachtposten auf den Jurahöhen. Zwei Stunden zu gehen bis zur nächsten Bahnstation. Ich komme nun bis zu den Sommerferien nur selten nach Zürich zu Frau und Kindern. Anton hat den Tisch geschickt, den ich bei ihm bestellt hatte. Er soll sehr schön sein. Im Sommer werden wir dich besuchen. Peter und Marianne freuen sich schon. Wie geht es Base Mina? Letzthin hattet Ihr doch auch schöne warme Tage. Die tun gut. Da musst auch du ein wenig ins Freie gehen. Schreibe mir einmal hierher. Herzlichen Gruss deines Johann. (9. Juni 1942)

Liebe Mutter! Wie mag es dir wohl gehen? Jetzt ist es auch bei uns schon kühler Herbst geworden. Die Kinder gehen nicht mehr baden. Ich habe viel, viel zu tun. Am 6. Dezember ist meine grosse Messeaufführung in der Tonhalle. Eine schwere, verantwortungsvolle Aufgabe; die schwerste, die ich je zu lösen hatte. Mit Gottes Hilfe wird es mir gelingen. Den Kurs in meinem Heimatland konnte ich nicht übernehmen. Es wäre zu viel gewesen in der gleichen Zeit. Ich werde dich aber trotzdem bald wieder einmal besuchen. Vor dem 25. geht es allerdings nicht gut. Wenn du vorher Geld brauchen solltest, so schreibe mir bitte; dann werde ich dir senden. Schreibe uns bald wieder, und sei herzlich gegrüsst von deinem Johann. (25. September 1942)

Lieber Johann, Josefine ist am Donnerstag mit mir zum Zahnarzt, ich musste das Gebiss ändern lassen. Gestern hat sie mich wieder heimgebracht. Ich hoffe, es sei jetzt besser, weiss es noch nicht sicher, muss bis Dienstag zuwarten und erst zusehen. Momentan habe ich noch hundert Franken, aber es kommt immer etwas zum Zahlen. Marken habe ich momentan auch keine. Antons Luise nimmt den Brief auf die Post. Frau Wick und Beats Frau sind schwer krank. Vom Tod der Äscherwirtin wirst vernommen haben. Empfanget alle die herzlichsten Grüsse von Mina und von mir. Deine Mutter und Grossmutter. (10. Oktober 1942)

Liebe Mutter, ich wünsche dir von Herzen gute Weihnacht, dir und Base Mina. Es geht mir soweit gut, nur kann ich halt jetzt dieses Mal nicht zu Hause bei den Kindern sein. Zwar werde ich heute Abend noch schnell heimgehen können, bevor ich nach Baden fahre, um in der Mette zu dirigieren. Am Samstag habe ich eine grosse Soldatenweihnacht in Zürich durchzuführen. Es werden mehrere hundert Soldaten und viele Offiziere dort sein. Ich habe Lieder mit Orchester dafür einstudiert. Es ist möglich, dass die Messe, die ich letzthin in der Tonhalle gemacht habe, in der Tonhalle St. Gallen nochmals zur Aufführung kommt. Da kämen wohl viele Leute aus meiner Heimat! Sei herzlich gegrüsst, dein Johann. (Heiliger Abend 1942)

Im Rahmen der von Johannes Fuchs einstudierten Mozart-Messe in c-Moll im Jahr 1942 kam es zur ersten privaten Begegnung zwischen Johann Baptist Hilber und Fuchs, die von da an Duz-Freunde waren: Hilber schrieb nach Zürich: *Lieber Freund Johannes, es ist noch alles warm und unvergessen. Wir haben unsere Herzen an Mozart und Freundschaft derart erwärmt, dass auf unserem Rechaud alle guten Dinge der Erinnerung warm und prächtig konserviert bleiben. Wirklich, ich muss dir nochmals danken für den unvergesslichen Abend in c-Moll und C-Dur. Ich freue mich für dich über diesen ganz grossen, verdienten Erfolg.*

Gab es für den Kammerchor Zürich einmal schlechte Kritik, gingen einzelne Betroffene umgehend gegen die Journalisten vor: Kammerchor-Präsident Engels beschwerte sich in einem doppelseitigen Brief (mit eingefügten Handnotizen von Chorleiter Fuchs) beim damaligen Chefredaktor der «Tat»[7] über einen Kritiker mit dem Kürzel «ohr». Man könne diesen «Bericht» keineswegs als «Bericht» gelten lassen, enthalte er doch *ein derart vernichtendes Urteil über unsere Chorvereinigung, dass wir dagegen Stellung nehmen müssen. Wir dürfen auch von uns selbst sagen, dass wir über die Qualitäten der eigenen Aufführungen genau Bescheid wissen, und unsere Selbstkritik ist gewiss schärfer als irgendeine. Rein logisch folgt aus den erwähnten Tatsachen und den beigelegten Beweisstücken, dass «ohr» entweder ohne die notwendige Sachlichkeit oder dann ohne die notwendige Sachkenntnis schreibt. Beides wäre ein Grund dafür, dass sowohl er selber, nicht zuletzt aber die ihm übergeordnete Redaktion die daraus folgenden Konsequenzen zieht. Für unsere Vereinigung bedeutet dieser Konzertbericht eine schwere Kreditschädigung – wenigstens bei jenen Lesern, die nicht im Konzert waren und keine andere Zeitung konsultieren als die «Tat». Wir tragen auch dem subjektiven Moment aller Kunstbeurteilung Rechnung. Dennoch ist in diesem Fall ein eklatantes Unrecht geschehen, dessen rechtliche Qualifikation sich unsererseits in Abklärung befindet. Wir gehen gewiss nicht fehl, dass ein Unrecht wieder gutgemacht und unser Chor und dessen Dirigent, Herr Johannes Fuchs, rehabilitiert wird. Wir bitten Sie daher, die beiliegende Notiz in Ihre Zeitung aufzunehmen. A. Engels.*

Aufgrund einer offenbar ebenfalls nicht lobend ausgefallenen Konzertbesprechung im Zürcher Tages-Anzeiger intervenierte Johannes Fuchs persönlich beim Chefredaktor mit dem Wunsch, man möge in Zukunft ausschliesslich den dem Kammerchor wohlgesinnten Herrn Gysi zu Besprechungen der Konzerte schicken. Der Chefredaktor ging zwar auf die Beschwerde ein, bedauerte jedoch in seinem Brief, Fuchsens Antrag nicht nachkommen zu können.

In einem anderen Fall intervenierte ein Patronatsmitglied des Kammerchores Zürich. Der Mann verfasste einen dreiseitigen schreibmaschinengeschriebenen Brief schulmeisterlichen Inhalts an das *sehr geehrte Fräulein Philologin und Journalistin C.v.D.* mit Kopie an Johannes Fuchs, in welchem er *aus einem imperativen Gerechtigkeitsgefühl dem Chorleiter gegenüber* seiner Enttäuschung über eine von ihr verfasste Konzertkritik im «Berner Bund» Luft machte: *Eine Zeitungskritik muss sich im Rahmen des Möglichen um strikte Objektivität bemühen. Die privaten Gefühle, wenn sie schon schriftlich festgehalten werden müssen, gehören ins Tagebuch. Es gibt zwei Arten, die Musik zu betrachten: Man kann sie rein verstandesmässig zergliedern und analysieren und mit dem Rechenschieber sezieren, man kann sie aber auch mit dem Herzen miterleben und geniessen. Ich hege den starken Verdacht, dass Sie zur intellektualistischen Richtung gehören. Wenn wir Ihnen im ganzen Abend wirklich nichts bieten konnten, so hätten sie lieber schweigen sollen. E.Menghini*

Die Auflistung der Presse- und Freikarten für das Konzert vom 14. Februar 1943 in St. Gallen.

KONZERTGESELLSCHAFT A.G. ZÜRICH
Künstl. Leitung: Walter Schulthess • Geschäftsstelle: Pianohaus Jecklin • Pfauen
Telephon: 45.253 • Telegramme: Konzert Zürich • Postcheck Nr. VIII 15040

Zürich, den 22. Februar 1943

Presse- und Freikarten Kammerorchester Zürich, Mozart-Messe in St. Gallen, 14.Febr.1943.

	Fr. 6.-	5.-	4.-	3.-	2.-
Redaktion des Tagblatt		2			
Redaktion Ostschweiz		2			
Redaktion Volksstimme		2			
Redaktion Musikzeitung		2			
Redaktion Thurgauer Zeitung		2			
Anzeiger vom Alpstein		2			
Appenzeller Volksfreund		2			
Appenzeller Zeitung Herisau		2			
Patentamt		2			
Tonhallegesellschaft	1	3			
Plakataushang					10
An Emigranten					5
Herrn Direktor Thomann		22			
Herrn Direktor Fuchs	10	11			
Herrn Direktor Fuchs		1	1	2	
Herrn Hauser		2	4		
Herrn Huggler		2			
Konzertgesellschaft		2			
Herrn Werner Heim		2			
Herrn Pfarrer Heim		2			
Herrn Bernhard	2				
Herrn V. Baumgartner		2			
Herrn Schlatter		1			
Hug & Co.			2		
Herrn Brülisauer, Appenzell		2			
Herrn Direktor Fuchs		12	11		
	13	69	18	4	15

Total: 119 Freikarten

Erstmals fand mit der Aufführung der c-Moll-Messe von Mozart am 14. Februar 1943 ein Konzert des Zürcher Kammerchores in St. Gallen statt, wo man Johannes Fuchs bis anhin fast ausschliesslich in Kirchenmusiker-Kreisen wahrgenommen hatte. Die Konzertgesellschaft streute Presse- und Freikarten, die insgesamt die Zahl von 119 ergaben, feinsäuberlich aufgelistet.

Die St.Galler «Volksstimme» schrieb am 20. Februar, die von Johannes Fuchs geleitete Aufführung habe tiefen Eindruck gemacht und sei vom Publikum begeistert aufgenommen worden: *Der in Zürich bereits gut bekannte Chorleiter gehört zu den wenigen Dirigenten, welche, mühevolle Arbeit nicht scheuend und zu einer bescheidenen und schlichten Wahrhaftigkeit der Aufführung selber das meiste beitragend, in idealer Weise den tieferen Sinn des Chorsingens zu verkörpern wissen.*

Musikdirektor Hans Frey vom Lehrerseminars Rorschach, der ebenfalls eine Einladung erhalten hatte, aber nicht teilnehmen konnte, äusserte seine Freude in einem Brief an Fuchs darüber, *dass ein ehemaliger Schüler unseres Seminars sich auf eine so hohe Stufe seines Könnens emporgearbeitet hat.* Er zweifle nicht daran, dass Johannes Fuchs seinen Weg gehen und *viele Menschen in die Sonnenhöhe der Kunst führen werde.*

Liebe Mutter! Inzwischen wirst du wohl von andern Leuten viel von mir gehört haben. Auch hast du gewiss die Zeitungen gelesen. Übrigens hat mir der liebe Herr Pfarrer geschrieben, er habe dich aufgesucht und dir Bericht erstattet. Gerne hätte ich dich am Tage nach St.Gallen besucht. Aber es ging nicht, ich musste wieder da sein. So musst du dich noch etwas gedulden bis ich zu Besuch kommen kann. Es sind gerade jetzt sehr viele wichtige Dinge im Tun, die mich und mein Arbeiten betreffen. Ich bin froh, dass du mit deinem Gebet und deinem Segen mit bei mir bist. Glaube mir, liebe Mutter, ich habe das auch in St. Gallen deutlich gespürt. Ich habe ja nie Angst, wenn ich auftrete; auch wenn ich so etwas Schwieriges wie die c-Moll-Messe zu verwalten habe – aber als ich hinausging, ist mir mein lieber Vater in den Sinn gekommen, und dann begann ich ganz ruhig und getröstet das wunderbare Kyrie. Vielleicht, vielleicht werde ich im Sommer an den internationalen Festwochen eine Messe von Bruckner dirigieren, die Verhandlungen schweben soeben noch. Ich würde mich ungemein freuen; es wäre das glänzendste Forum, das ich mir denken könnte. Bald bist du dreiundachtzig Jahre alt. Du jammerst manchmal, du

müssest Geduld haben, bis dich der liebe Gott hole. Bleibe noch lange am Leben. Ich wäre glücklich. Wir sehen uns wenig und begegnen uns dennoch jeden Tag. Herzliche Grüsse deines Johann. Herzliche Grüsse auch an Base Mina.
NB: Die beiden Herren Landammänner Rusch und Locher haben mir auch sehr schön geschrieben; sie konnten zwar in St. Gallen nicht anwesend sein; schrieben mir aber einen Brief. (25. November 1943)

Mutter Magdalena Fuchs-Hautle starb im Dezember 1943 in Schwende.

Die ungeliebte Halbschwester in Hitler-Deutschland

» **Das ist eine schwierige Geschichte. Es gibt Vermutungen. Wohl auch Halbwahrheiten. Aber etwas ist schon dran. Sie war sehr deutsch.** «
Peter Fuchs

» **Ich kannte sie nicht, die Magdalena. Vater erzählte bloss, dass sie im Haus nicht geduldet gewesen sei, weil sie eine Nazi war. Sie wanderte ja mit ihrem deutschen Ehemann vor Ausbruch des Krieges nach Deutschland aus und sagte: ‹Die machen das richtig und so gehört sich das.› Das muss eine schreckliche Geschichte für die ganze Familie gewesen sein.** «
Marianne Fuchs

Im November 1943, kurz vor dem Tod ihrer Mutter, besuchte Magdalena Hopfensitz ihre Mutter und die Verwandten in Schwende. Sie liess sich von Erna Rusch einen Wintermantel schneidern; den Stoff – 2.60 Meter plus 3 Meter Futter für insgesamt 63.96 Franken – kaufte sie bei Martha Dobler in Appenzell. Base Mina, eine unverheiratete Schwester der Mutter, die seit vielen Jahren im gleichen Haushalt lebte, musste ihr das Geld vorstrecken. Magdalena beklagte sich über deren Gezeter bei ihrem Bruder in Zürich: *Base Mina sagt, wenn sie gewusst hätte, dass sie mir Geld geben müsse, dann hätte ich gleich im Schwabenland bleiben können. Sie gibt das Geld lieber fremden Leuten. Wenn ich nur mein eigenes Geld hier hätte, damit ich niemanden damit angehen müsste. Ich habe mich erkundigt, ob ich von der Deutschen Reichsbank auf eine Bank in der Schweiz Geld überweisen lassen könnte. Aber es geht nur gegen Warenaustausch. Ich hatte doch allerlei Auslagen, so auf der Kanzlei 2 mal 2 Franken; auf dem Konsulat 2 Franken,*

Fahrt nach St. Gallen 4.80 Franken; zwei Mal eine Kilometerkarte 4.40 Franken.
Zwei Tage später berichtete Magdalena nach Zürich, dass sie an Doktor Hildebrands Beerdigung froh gewesen sei um den Mantel. Das ganze Dorf und Land sei vertreten gewesen.
Am 8. Dezember folgte das nächste Schreiben, nun bereits wieder aus Stuttgart und wie alle anderen Briefe mit den Stempeln der Zensur des Deutschen Reiches und mit den teilweise breiten, quer über den Text gezogenen Tintenbalken. Sie teilte mit, dass man ihr infolge des zu spät aus Bern eingetroffenen Ausfuhrbegehrens die mitgeführten Sachen am Zoll wieder abgenommen habe. Ob die Dose Ovomaltine, die drei Pakete Kakao, das Stück Seife und die drei kleinen Küchengeräte bei ihnen in Zürich angekommen seien. Sie habe die Zollbehörden gebeten, diese dorthin zu schicken. Da keine Rückmeldung aus Zürich bei ihr eintraf, schrieb sie erneut; und an Silvester bestätigte sie den Erhalt des Telegramms, welches die Todesnachricht ihrer Mutter enthielt. Umsonst bemühte sie sich um eine erneute kurzfristige Ausreise und bat, mit der Auflösung des Haushalts so lange zu warten, bis sie ebenfalls zugegen sein könne, damit sie nicht zu kurz komme, da sie ja bei der Heirat keine Aussteuer erhalten und sich diese selber habe zusammensparen müssen.
Bei ihrem Bruder Anton und dessen Frau Josefine beklagte sie sich in einem Brief, der wenig später eintraf, dass man sie nicht frühzeitig darüber in Kenntnis gesetzt habe, dass es der Mutter schlecht ging. *Warum, das kann ich ja nicht verstehen, denn ich bin als einzige Tochter schliesslich doch die Nächststehende meiner Mutter und so viel wie ihre Söhne. Mir tut es weh, dass man mich so hintanstellen will, als wenn es mich gar nichts anginge und ich überhaupt kein Anrecht hätte.*
Johannes Fuchs verfasste am 1. Januar 1944 eine handschriftliche Abmachung bezüglich des Erbes seiner Mutter Magdalena Fuchs-Hautle. Darin wurde festgehalten, dass mit der Auflösung des Haushalts vorläufig gewartet werden solle, weil die Verwandte Base Mina in der Wohnung zu bleiben gedenke. Es solle jedoch über sämtliche Möbel und Gebrauchsgegenstände sowie über die Wäsche ein Verzeichnis angefertigt werden. Sollte die Situation sich verändern, würden die Hinterbliebenen erneut zusammenkommen und weitere Entscheidungen treffen. *Die bis dahin auf der Kantonalbank deponierten Vermögenswerte gelangen nach der Ansicht und dem Wunsch der Unterzeichneten zur Vertei-*

lung, sobald die Formalitäten wie Wehrsteuer, Vergabungen, Kosten des Begräbnisses und Krankenpflege erfüllt sind und sobald die Einwilligung von Magdalena Hopfensitz-Hautle, sofern diese hierzu überhaupt nötig, vorhanden ist. Die Unterzeichneten erteilen in diesen Dingen an den letztunterzeichneten Johannes Fuchs in Zürich die Kompetenz, alle erforderlichen Schritte zu unternehmen.

Zehn Tage später traf erneut ein Brief aus Stuttgart bei Johannes Fuchs in Zürich ein. Das Schreiben ihres Halbbruders habe sie beleidigt, schrieb Magdalena, da er ihr vorwerfe, sie habe das Gesuch um erneute Einreise in die Schweiz zur Beerdigung ihrer Mutter bis nach Bern getragen. Wo sie doch gar keine andere Möglichkeit gehabt und es am guten Willen seinerseits, ihr behilflich zu sein, gänzlich gefehlt habe. Die Vollmachtserklärung werde sie nicht unterschreiben, da die Liste des Inventars fehle. Sie finde es nicht richtig, dass man der Base Mina die Erlaubnis gegeben habe, in der Wohnung zu bleiben. Als Tochter sei sie von ihren Eltern weder gefördert noch unterstützt worden. Sie habe Geld verdienen und dies zu Hause abliefern müssen, damit er, Johannes, habe studieren können. *Diesen Vorwurf muss ich der Mutter auch nach ihrem Tode noch machen, denn das kann ich in meinem ganzen Leben nicht vergessen. Sie hatte nur etwas übrig für ihre Söhne, die haben viel Geld gekostet, die durften etwas lernen, und ich durfte nur verdienen, Geld abgeben, und bekommen habe ich nichts. Und nun wollen meine Brüder mir auch noch das vorenthalten, was mir nach dem Tod meiner Mutter gehören würde. Das kann man ja nur mit dem Aschenbrödel machen, das ich von je her war daheim.* Sie beendete den Brief mit den Worten *Nichts für Ungut* und bat um ein Aussöhnungsgespräch.

Doch auf dieses Gespräch wartete sie umsonst. Im Juni 1944 erreichte Johannes Fuchs ein Brief von der Erbschaftsbehörde des Kantons Appenzell Innerrhoden, mit welchem ihm mitgeteilt wurde, dass Magdalena Hopfensitz-Hautle noch keinerlei Nachricht über den Stand der mütterlichen Erbschaft erhalten und deshalb auch die ihr zugesandte Vollmachtserklärung nicht unterschrieben habe. Angefügt wurde der Hinweis, dass es *von Behörde wegen unterlassen wird, Nachrichten über das Erbschaftsvermögen ins Ausland zu geben und im Ermessen von Ihnen liegt, ob Sie dies bewerkstelligen werden oder nicht.*

Base Mina starb am 23. August 1944. Magdalena Hopfensitz erfuhr davon am Tag nach einem schweren Bombenangriff auf Stuttgart, dem ihre Tochter Lena, deren Mann bereits in Russland gefallen war, mit ihren drei Buben nur knapp entrann. Sie verlor ihre ganze Habe und musste, wie Magdalena schrieb, zwei ihrer Kinder fremdplatzieren und mit dem Kleinsten zur Mutter ziehen. Aber, fuhr sie fort, offensichtlich interessiere all das ihre Verwandten in der Schweiz nicht, denn es habe bis anhin kein Mensch je nach ihnen gefragt. Ob wohl die Wolle, die ihr die Mutter für eine Jacke geschenkt habe, noch irgendwo sei. Sie könnte sie, weil oft über viele Stunden in den kalten Luftschutzkellern, nun gut gebrauchen, da es bei ihnen nirgends Wolle zu kaufen gebe. Sie habe sich erkundigt und bei den Zollbehörden erfahren, dass Erbgut, als solches deklariert, ausgeführt werden dürfe.

Im Oktober des gleichen Jahres wurde auch ihr Quartier in Stuttgart ausgebombt. Die Familie wurde in einer Notunterkunft untergebracht. *Wir mussten durch Feuer und Flammen unser Leben retten und konnten nichts mitnehmen. Wir sind bettelarm.* Tochter Lena, die einen Tag vor dem Luftangriff ein kleines Putzgeschäft eröffnet hatte, stehe nun zum zweiten Mal vor dem kompletten Ruin, da erneut alles zerstört worden sei. Alle ihre bisherigen Briefe seien unbeantwortet geblieben. Und über Mutters Nachlass habe sie ebenfalls nichts erfahren.

Zensurierter Brief von Magdalena Hopfensitz an ihren Halbbruder Johannes Fuchs.

Johannes Fuchs balancierte derweil zwischen Gesangsstunden, Stimmbildungs- und kirchenmusikalischen Kursen, zwischen Chorproben und Aufführungen, seiner Familie, der Bewältigung von Mahnungen betreffend offener Rechnungen und dem Militärdienst als Gefreiter Fuchs, Fliegerbeobachter und Postenchef. Am 6. Juni 1944 verfasste er in seiner militärischen Funktion zuhanden seiner Vorgesetzten einen Briefes *betreff Späher Civelli Alfons, Gr. 4. Dieser diensttuende Späher hat sich in tätlicher Weise an Späher Wäffler Hermann vergriffen, nachdem sich zwischen den beiden durch das Zuspätkommen des Letzteren als Küchenhilfe ein Wortwechsel entwickelt hat. Durch das Eingreifen des Postenchefs konnte eine unweigerlich daraus folgende Schlägerei abgewendet werden. Darauf sind beleidigende Worte gefallen, die sich der Postenchef nicht gefallen lässt und nicht bieten lassen darf, wenn darunter die Autorität nicht leiden soll. Ein ähnlicher Fall hat sich neulich schon einmal ereignet, und Tätlichkeiten sind nur durch das Dazwischentreten von Wm. Küstahler vermieden worden. Es handelt sich bei C. zweifellos um ein jähzorniges und sehr streitsüchtiges Element, auf das man am besten verzichtet. Der Postenchef beantragt erstens, dass der Mann disziplinarisch zu bestrafen ist; zweitens, dass er versetzt wird, da er als Späher ohnehin keine Fähigkeiten besitzt und alle Bemühungen, aus ihm etwas Brauchbares zu machen, nutzlos sind.*

Nur wenige Wochen später schickte Oberleutnant Lauber ein vierseitiges Protokoll, das zur Kenntnisnahme auch an Fuchs als Postenchef ging. Darin wurde gefordert, dass das vom Gefreiten Fuchs erstellte Übergabe-Protokoll für die Kleinküchenkasse und das Lebensmittelmagazin neu erstellt werden müsse. Es habe diverse Verfehlungen im Kleinküchenbetrieb gegeben, darunter aufgeführt *der viel zu hohe Preis von Franken 3.20 für ein Kilogramm Konfitüre bei der Filiale Simon im Klösterli sowie der ebenda bezogene Essig für den völlig überrissenen Preis von Franken 1.25 pro Liter.* Auch die Fleischbezüge wurden moniert, und im Lebensmittelmagazin bestehe noch eine ungeklärte Position, über die der verantwortliche Koch oder der Postenchef Auskunft zu erteilen habe; es sei ein Manko von 3.5 Kilo Gerste festgestellt worden.

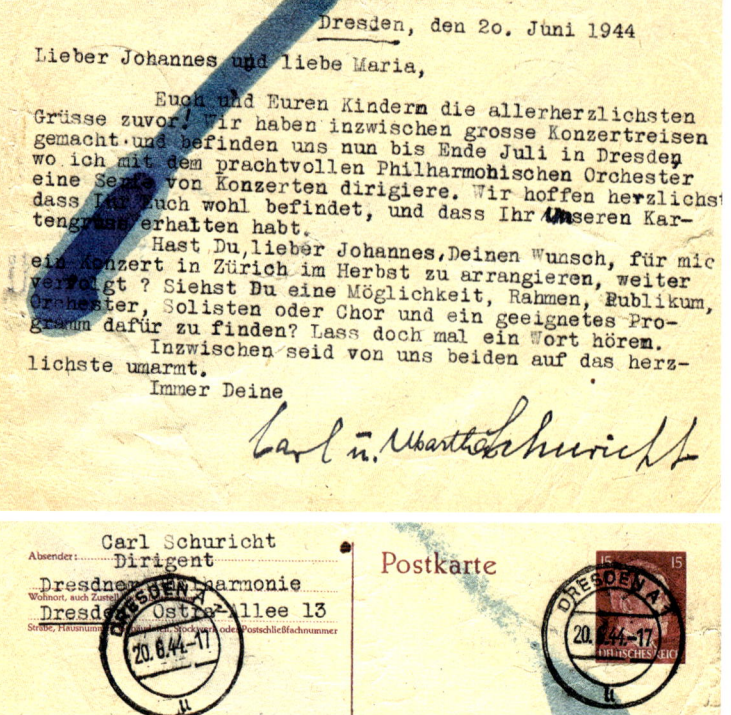

Zensurierte Postkarte des Dirigenten und Komponisten Carl Schuricht kurz vor seiner Flucht aus Deutschland.

Es muss kurz vor seiner überstürzten Flucht gewesen sein, als Carl Schuricht am 20. Juni 1944 aus Dresden eine Postkarte an Johannes Fuchs schrieb. Bis Ende Juli werde er eine Reihe von Konzerten mit dem Philharmonischen Orchester dirigieren und wolle anfragen, ob Fuchs seinen Wunsch, für ihn im Herbst ein Konzert in Zürich zu arrangieren, weiterverfolgt habe.

Fuchs bemühte sich um eine Auftrittsmöglichkeit für den Deutschen beim Musikkollegium Winterthur, welches in seinem Antwortschreiben bedauerte, keine Gelegenheit zu sehen, *Schuricht vor eine Aufgabe stellen zu können*. Dieser lebte nach seiner Flucht mit seiner vierten Frau Martha in der Nähe von Genf; die Verlobung hatte bei einem gemeinsamen Essen in der Wohnung der Fuchsens im Zürcher Seefeld stattgefunden.

Johann Baptist Hilber, der nunmehr seine Briefe und Karten mit *Badi* unterschrieb, bat Fuchs um den Gefallen, ihm in der Person eines noch fehlenden Tenors einen seiner «Belcantisten» für das Osterkonzert – die C-Dur Messe von Rheinshagen – zur Verfügung zu stellen. *Wenn du einen hast, so engagiere ihn für mich vom Fleck weg. Ich kann ihm 25 Franken geben plus Spesen.* Die «Festwöchner» hätten das Projekt Orgelkonzert mit Kammerchor Zürich und Fuchs wieder hervorgeholt. *Es müsste chorisch eine commemoratio von Palestrina und di Lasso sein, von denen ihr von jedem zwei bis drei Motetten zu singen hättet! Grüss mir deine Frau und deine entzückenden Jungfüchse.*

Postkarte von Johann Baptist Hilber an Johannes Fuchs.

Der Konzertpianist und Komponist Johann Baptist Hilber.

Wie zahlreiche andere Briefeschreibende musste auch Johann Baptist Hilber oft lange warten, bis er von Johannes Fuchs eine Antwort erhielt: *Auf welchem Wege bekommt man von dir Antwort? Ich harre deiner Stimme, deiner Röhre, deines Knödels, deiner Koloraturen, deines Naturjodels! Mein Trommelfell ist gespannt, meine Seele in Alarmbereitschaft, mein ganzes Wesen vibriert dem Hörwunder entgegen. Panierte Grüsse mit Knoblauch und einem Zitronenschnitz deines Badi.*

Grosser Meister!

Zu Ihrem grossen Erfolg in der Tonhalle gratuliere ich Ihnen von Herzen! Ihre Aufopferung für die Gesangskunst trägt die schönsten Früchte. Sie sind und bleiben mein schönstes Ideal als gesangskünstlerischer Gestalter und Pädagog!

Bei der grossartigen Artikulation und Beherrschung des gesangl. Stoffes ist es nicht verwunderlich, dass einige Stimmen hörbar wurden mal ein Konzert in deutscher Sprache zu hören; Textprogramme wären sicher überflüssig! (zB Schöpfung, Messias etc). Ich hatte sogar den Eindruck, dass die guten Solisten, wenn sie Ihre Schüler wären, noch besseres geleistet hätten.

Bei der Orch-Begleitung hatte ich hie und da den leisen Wunsch, dass bes. die 1.Geiger etwas diskreter begleiteten War das nur meine Empfindung?

Anregung: Kammerchor - Kammerorchester = kleiner ....!
Ist das nicht eine Herabwürdigung Ihrer Leistungen? Wäre es nicht an der Zeit, dem Kind den wahren Namen zu geben: Johannes Fuchs-Chor! ...und zugleich eine gute Reklame! denn er tönt gar nicht wie ein kleiner Chor, sondern viel besser und gewaltiger als der grosse Gem.Chor Zürich! (ich hörte Ihren Chor zum 1.Mal in der Tonhalle und war bes.auf den Vergleich der Tonfülle gespannt!)Uebrigens wurde ich schon diverse Mal gefragt, warum Ihr Chor so heisse.

Glückauf! und herzliche Grüsse auch an Ihre verehrte Frau Gemahlin

Ihr ergebener

J. Russ

Gratulationsschreiben nach der Aufführung vom 9. Mai 1944.

Am 9. Mai 1944 brachte Johannes Fuchs in der Zürcher Tonhalle die Nelson-Messe und das Te Deum von Haydn mit dem Kammerchor und dem Tonhalle-Orchester zur Aufführung.

Ende 1944 zeichnete sich ab, dass Johannes Fuchs am Konservatorium Zürich eine Chordirigentenklasse würde übernehmen können. Komponist und Musiklehrer Carl Vogler war 1939 zum Nachfolger von Volkmar Andreae als Direktor des Konservatoriums gewählt worden. Bereits zwei Jahre vor Fuchs hatte auch der bekannte Schweizer Komponist Willy Burkhard dort zu unterrichten begonnen. Fuchs und der drei Jahre ältere Burkhard waren befreundet. Letzterer starb 1955 im Alter von 55 Jahren. Beide Männer, davon zeugt der Inhalt von Briefen, die sie sich schrieben, verband ihre christlich geprägte Religiosität, der Glaube an Mystik und an die Kräfte der Natur.

Das Jahr des Aufbruchs

Johannes Fuchs, erneut im Aktivdienst, und zwar in Richterswil stationiert, mahnte seine Frau in einem Brief, sparsam zu sein: *Gelt, wenn Rechnungen, Einzugsmandate, Versicherungen oder Ausläufer kommen, um Geld einzuziehen, weise jetzt alles zurück, mit der Begründung, dass ich eingerückt sei und ich dir keinerlei Mittel und Anweisung zur Bezahlung erteilt habe. Ich werde um die Monatswende gewiss einmal für zwei bis drei Tage heimkommen können, und dann wollen wir im gemeinsamen Rat festlegen, was wir an Zahlungen noch leisten. Wir müssen sparen auf noch kargere Zeiten. Die Leute, die uns jetzt am meisten bedrängen, sind wahrscheinlich auch jene, die es am wenigsten nötig hätten. Gib keinen Franken aus, ausser für euch. Herzliche Grüsse an dich und die Kinder.*

Acht Tage später traf ein mehrseitiger Brief von Carl Schuricht aus Sierre ein, in welchem er sich sehr für die Gastfreundschaft im Hause Fuchs in Zürich bedankte: *Eure Seelen, in ihrer klaren Reinheit, in ihrem warmen Leuchten, euer wunderschönes Sein und Schaffen mit euren lieben Kindern, der innere Zauber, den euer Heim erfüllt – was für eine gesegnete Kraft ist in all diesem. Meine – durchaus nicht bigotte, aber immer in mir rufende, fordernde und mich beherrschende – Sehnsucht nach Gott und dem Gottwahren im Menschen ergreift mich immer mit lösender Bewegtheit, wenn ich mit euch sein, euer Wesen so recht in mich aufnehmen kann. Wir leben so im Ungewissen, in inneren Nöten. An jenem Abend habe ich euch gewiss durch meinen kläglichen Zustand viel zugemutet. Wir haben hier die ersten acht Tage im Ho-*

tel gewohnt und gefroren; dann eine ganz winzige Mansardenwohnung in einem kleinen Chalet gefunden.

Schuricht schilderte in dem Brief weiter, dass er infolge seiner Verwachsungen im Lungengewebe mit gesundheitlichen Problemen zu kämpfen habe und sich um einen Kuraufenthalt bemühe. *Einstweilen ist's mit dem Dirigieren aus.*

Carl Schuricht in seinem neuen Heim in Vevey.

Brief der Katholischen Administration St. Gallen an Johannes Fuchs, Urkunde seiner Wahl als neuer Domkapellmeister.

Katholischer Administrationsrat
des Kantons St. Gallen

ST. GALLEN, den 23. März 1945.

Herrn
Johannes Fuchs, Musikdirektor,
    Z ü r i c h .
****
    Seefeldstrasse 152

    Wir machen Ihnen hiedurch die Anzeige, dass Sie in der gestrigen Sitzung des Administrationsrates auf Grund Ihrer Anmeldung zum
<u>Chorleiter und Organisten der Kathedrale</u>
in St. Gallen gewählt wurden.

    Zur Besprechung der näheren Anstellungsbedingungen und Dienstobligenheiten wäre es uns angenehm, mit Ihnen eine Konferenz halten zu können. Wir gewärtigen gerne Ihren Bericht, wann Ihnen eine solche in St. Gallen passen würde.

    Mit vorzüglicher Hochachtung!

Namens des kathol. Administrationsrates.
Der Präsident: Der Aktuar:

Im März 1945 wurde Johannes Fuchs zum neuen Domkapellmeister in St. Gallen gewählt. Er suchte bis zum Umzug der ganzen Familie in die Ostschweiz ein Zimmer für sich und fand es schliesslich im Quartier Rotmonten.

Sehr geehrter Herr Direktor Fuchs, ich habe mit Herrn E. schon vor einigen Wochen in Sachen Überlassung eines Zimmers gesprochen. Über das oberste grosse Zimmer hat er überhaupt kein Verfügungsrecht laut meinem Vertrag. Bei etwas gutem Willen kann er zwei Zimmer räumen. Mit Hochschätzung, Ihr Traugott Walser

Das Haus in St. Gallen in den 1950er-Jahren, welches Johannes Fuchs später erwerben konnte.

» **Ich war zehn Jahre alt, als Vater das Angebot bekam. Schaffhausen wäre eine weitere Option gewesen. Er hätte besser Schaffhausen angenommen, er wäre dort besser aufgehoben gewesen. Man hat es ihm in St. Gallen schwer, sehr schwer gemacht. Doch er hatte sich entschieden. Er suchte eine neue Bleibe und fand dann das Haus in Rotmonten. Zuerst wohnte er dort als Untermieter in einem Zimmer. Eines Tages nahm er mich mit. Er nahm mich an die Hand und sagte: ‹Jetzt gehen wir schauen, wo du hinkommst.› Dann hat er mir das Haus gezeigt. Es war schlimm für mich. Ich wollte nicht von Zürich fort. Und meine Mutter wäre auch lieber in Zürich geblieben. Doch sie tat es meinem Vater zuliebe. Sie hat alles gemacht für ihn, ihm jedes Hindernis aus dem Weg geräumt. Als die Familie nachzog, konnte er dann das ganze, sehr heruntergekommene Haus mieten. Meine Mutter ging in die Klubschule und lernte gipsen und mauern. Sie hat das ganze Haus von oben bis unten selber renoviert.** «
Marianne Fuchs

Eine der ersten Handlungen, die Johannes Fuchs nach seinem Amtseintritt im St.Galler Dom vornehmen liess, war die Überprüfung der Chororgel. Jener Orgel, welche auch Idda Heuberger für ihre Kirchenhilfsdienste zugewiesen war. Im Frühling 1946 rühmte Ernst Schiess, Sachverständiger für Orgelbau und Glockenfachmann, in seiner schriftlichen Expertise die Fähigkeiten des Orgelbauers Victor Ferdinand Bossard. Die beiden Chororgeln waren von Bossard in den Jahren 1768 bis 1770 erbaut worden. Doch leider sei die Chororgel schon zu Beginn des 19. Jahrhunderts sehr stark verändert worden. Kein gutes Haar liess er an Orgelbauer und Restaurator Gattringer, der 1939 eine weitere Restaurierung vorgenommen hatte. Gattringer stammte aus Linz und hatte seine Orgelbauwerkstatt erst in Rorschach, später in Horn. Er baute in der Ostschweiz um die zwanzig Orgeln neu und renovierte zahlreiche bereits bestehende. *Natürlich hat auch die grosse Orgel ihre Fehler* (gemeint war die Hauptorgel auf der Westempore), schrieb Schiess weiter. Doch diese würden, weil die Orgel aus dem 19. Jahrhundert stamme (1811 bis 1815 von Franz und Josef Frosch erbaut), viel eher toleriert als das veränderte, einst so bedeutsame Werk der Chororgel.

Die junge Idda Heuberger und Johannes Fuchs beim Verlassen der Kirche.

Johannes Fuchs wurde als neuer Domkapellmeister Nachfolger von Josef Gallus Scheel, der seit 1913 dieses Amt inne hatte und im Alter von 65 Jahren von der Katholischen Administration in Pension geschickt worden war. Die Neuigkeit von Fuchs' Wahl nach St. Gallen verbreitete sich wie ein Lauffeuer. Gratulationskarten, Briefe von Privatpersonen, Musikerfreunden und -kollegen, Sängerbünden und Chormitgliedern trafen im Seefeld in Zürich ein.

Ihre Wahl zum Domkapellmeister in St. Gallen ist eine Schicksalsbestimmung. Die edle Musik, die Sprache der Seele braucht Diener, die fähig sind, die Lichtstrahlen einzufangen, die unsere arme Welt erhellen können. Dr. M. W. F. und Frau

Sie verdienen diesen Ehrenposten. Das Kunstwerk der Kathedrale bietet allein schon eine sehr tiefe Stimmung zur Vorbereitung und Verherrlichung des Gottesdienstes beim heiligen Amte. Gottes Wege sind doch wunderbar. Ihre kleine Sängerin Elisabeth H. (die mit den rosa Öhrchen).

Es darf ja wohl erwartet werden, dass Sie an der neuen Stelle vollauf Gelegenheit haben werden, Ihr grosses Können, das ich jüngst wieder aufrichtig bewunderte, in den Dienst einer ihm angemessenen Aufgabe zu stellen. Als St. Galler weiss ich gut, was das heisst, und ich kenne auch die Funktionen des Amtsinhabers aus eigener Erfahrung. P. N.

Ist es also dieser verlogenen katholischen Schlangenbrut, die nichts anderes tut, als Kirchensteuern einzutreiben und sich mit Reichtümern zu ummauern, an deren Händen Blut, Gewalt und Verschwörung, Ausbeutung klebt, doch noch gelungen, Sie in ihr Nest zu locken. Aber Sie wissen hoffentlich, auf was Sie sich eingelassen haben. Leben Sie wohl. K. D.

Haben die St. Galler Katholiken es endlich geschafft, nach zwei Deutschen doch noch einen Einheimischen – wenn auch einen Appenzeller aus Innerrhoden – zu finden, der ihnen gut genug scheint. Ich gönne es Ihnen, obwohl Sie nicht zu beneiden sind. A. W.

Die Kommission des Bezirks-Cäcilienverbandes an der Sitter erlaubt sich, Ihnen zur Wahl als Domkapellmeister von St. Gallen herzlich zu gratulieren. Unser Verband, dem alle katholischen Kirchenchöre angehören, freut sich aufrichtig, dass an den Posten, auf welchem seinerzeit der Altmeister Stehle und nach ihm Dr. Scheel so verdienstvoll gewirkt haben, wieder ein Musiker von allgemein anerkannter Tüchtigkeit berufen wird. Prof. P. H.

Sie treten an ein ruhmreiches Dirigentenpult. Möge es Ihnen beschieden sein, die Tradition des grossen Domkapellmeisters Scheel weiterzuführen und damit die kirchliche Musik in der Diözese St. Gallen – natürlich vorerst an der Kirche des heiligen Gallus selbst vorbildlich zu gestalten! Prof. F. F.

Da wir immer wieder von Zeit zu Zeit Konzerte des Domchores übertragen haben, so werden wir auch in Zukunft mit Ihnen in Verbindung bleiben. Das freut uns! Radio Zürich, der Direktor.

«Oportat illum crexere, me antum minimi!», diesen schönsten Ausspruch des heiligen Johannes des Täufers haben Sie sich zu Eigen gemacht! Pater. T. S.

Sie sind der sieghafte Feldherr! Ich ehre in Ihnen nicht nur den Künstler, sondern auch den Arbeiter, den nimmermüden Schaffer! J. D.

Wir freuen uns, dass Sie Ihren Posten in St. Gallen bald antreten können, denn wir setzen in Ihr künstlerisches Wirken die grössten Hoffnungen. Genehmigen Sie, sehr verehrter Herr Direktor, den Ausdruck unserer tiefsten Ehrfurcht und Hochschätzung, Joseph Meile, Bischof

Lieber Freund Johannes, endlich weiss ich mit Bestimmtheit: Du bist ehrenvoll ernannter Domkapellmeister von St. Gallen! Glaub mir, Freund, neidlos und begeistert freut sich mein Herz darüber! Ich drücke dir die Hand, herzlich, und sage dir: Endlich bist du auf dem rechten Posten. Endlich steht das Licht auf dem Scheffel. Man wird bald hören von dir. Noch eines: Mache Scheel den Rücktritt durch Kollegialität leicht. Er ist innerlich nicht so «einfach», aber eben, deshalb braucht es zusätzliche Vitamine von aussen. Du verstehst mich schon. Wahrhaftig, ich freue mich von ganzem

Herzen mit dir, österlich, cäcilianisch, sangallensisch! (Nur: Der Stimmbildungskurs im Herbst wird dir nicht geschenkt!!) Dir und den Deinen treueste Glückwünsche und Grüsse, dein alter Badi Hilber.

Fast gleichzeitig mit den Gratulationsschreiben traf ein Brief des kantonalen Finanzamtes Appenzell Innerrhoden ein. Der Brief enthielt eine Kopie des Schreibens an das kantonale Steueramt von Zürich mit der Mitteilung, dass Fuchs nicht, wie fälschlicherweise von den Erbschaftbehörden bereits benachrichtigt, alleiniger Erbe des hinterlassenen Vermögens seiner Mutter sei. Der Betrag von 7200 Franken sei vielmehr auf vier Stämme aufzuteilen, womit auf Johannes Fuchs 1800 Franken entfallen würden.

Eine in Basel lebende Verwandte und ebenfalls Nutzniesserin der Erbschaft schrieb in einem Brief an Johannes Fuchs: *Ich bin überrascht über das viele Geld. Ich habe seit einiger Zeit einen neuen Milchmann. Er ging mit dir in die Schule – Albert Sträuli von der Wasserauen. Er kam mit der Neuigkeit wegen deinem Aufstieg. Ich wusste es aber bereits. Im Juli werde ich wieder alle besuchen. Basel ist doch ziemlich weit, wenn man so allein ist. Und mir fehlen besonders die Berge. Ich glaube die Hautles haben das alle ein wenig im Blut. Es tut mir ganz weh, wenn ich denke, dass das Gasthaus zum Messmer von einer Lawine weg ist.*

In den Monaten, als Johannes Fuchs sich auf sein neues Amt in St. Gallen vorbereitete, war die Rote Armee auf dem Weg nach Ostpreussen; der Krieg war für die Deutschen verloren. Und doch starben in den letzten Wochen bis zur Kapitulation nochmals Hunderttausende Menschen. Die Schweiz nahm in den letzten Kriegstagen fast 100 000 Flüchtlinge auf, die Ostschweiz war von dem nicht endenden Flüchtlingsstrom besonders betroffen.

Der seit den 1930er-Jahren in St. Gallen lebende, ursprünglich aus Estland stammende Kunstmaler Ben Ami, dessen Eltern und Geschwister von den Nazis ermordet worden waren, wurde, als Flüchtlinge beim St. Galler Bahnhof St. Fiden eintrafen, als Übersetzer zu ihnen gerufen. Er stellte zahlreiche Skizzen mit Pastellkreide her. Sie befinden sich heute im Besitz seiner in St. Gallen lebenden Tochter Batja Patsch Guggenheim-Ami.

Magdalena Hopfensitz und teilweise auch ihr Mann Anton verfassten weiterhin Bittschreiben an ihren Halbbruder in Zürich sowie an ihren Bruder Anton und dessen Frau Josefine in Appenzell. Nach Ende des Krieges erbarmten sich Josefine und Anton und liessen der Stuttgarter Familie mehrmals die von Hilfswerken bereitgestellten Hilfspakete «Typ Dänemark»; «Typ Suisse» oder «Typ Medico» zukommen. Johannes Fuchs musste in den letzten Kriegsmonaten immer wieder für ein paar Wochen einrücken. Am 3. Mai 1945, fünf Tage vor der Kapitulation der Deutschen Wehrmacht, traf bei seiner Frau Maria ein Brief von ihm ein: *Liebe Frau, bitte sende mir ein Rölleli Leukoplast und besorge mir das Kochbuch «222 Kochrezepte». Es geht mir so weit gut. Es ist aber kalt und unfreundlich und schneit zehnmal am Tag. Ich freue mich, Samstag zu dir und den Kindern heimzukönnen. Am Sonntag werde ich aber wohl wieder wegreisen müssen, weil hier der Koch fort will. Schreibe alles auf, damit nichts vergessen geht. Ich werde Samstag wenn möglich auf halb zwei Uhr schon heimkommen, die dringenden Stunden geben, und abends ist das Fest des Kammerchores. Dienstag darauf werde ich wiederkehren. Herzlicher Gruss deines Johann, Grüsse an Peter, Mariann und Urseli, Papa. P.S. Rasierseife posten und mir auf Samstag bereitlegen.*

Gleichentags traf aus dem Präsidium des Katholischen Administrationsrates des Kantons St. Gallen der Entwurf des Anstellungsvertrages ein mit dem vollumfänglichen Pflichtenheft. Es wurde darauf hingewiesen, dass die Besoldung gleich von Anfang an *auf die volle Höhe* gesetzt werde. Beizufügen sei jedoch, dass für die spätere Übernahme des Gesangsunterrichts in der Mädchenrealschule eine besondere Honorierung dafür nicht in Frage komme. Der neu gewählte Domkapellmeister verdiente laut dem Vertrag aus dem Jahr 1945 10 000 Franken im Jahr. Eine handgeschriebene Karte von Karl Eberle[8] enthielt nebst der Gratulation zur Wahl eine Einladung ins Haus der Eberles in St. Gallen: *Es würde uns freuen, wenn Sie und Ihre Gemahlin samt den herzigen Kindern bald einmal bei uns zu Hause zu Gast sein würden.* Eberle gehörte von 1943 dem Katholischen Administrationsrat an, ab 1948 und bis zum Ende seiner Amtszeit im Jahr 1971 amtete er als dessen Präsident.

5. Der Administration gegenüber übernimmt der Domchordirektor die Verwantwortung für die vorhandenen Musikinstrumente, vor allem für die drei Orgeln, sowie für die Musikalien. Ueber Drittpersonen, die als Hilfsorganisten oder Orgelschüler die Instrumente benützen, ist eine ständige Kontrolle zu führen, die auch der Verwaltung der Administration zur Kenntnis zu bringen ist.

6. Dem Domchordirektor ist auch der Gesangsunterricht am Priesterseminar St. Georgen und der Gesangs - und Klavierunterricht an den Klosterrealschulen anvertraut, hiezu gehört auch die Leitung des Gesangs bei den Schulmessen. Doch ist er bis auf weiteres von der Uebernahme des Gesanges an der Mädchenrealschule dispensiert.

7. Die Honorierung des Domchordirektors wird mit Fr.10'000.-- im Jahr festgesetzt. Die Auszahlung erfolgt monatlich.

Auszug aus dem Anstellungsvertrag vom 1. Mai 1945.

1947 wurde Idda Heubergers Vertrag als Hilfsorganistin *infolge Wegzug von Herrn Kempter* erneuert: *Fräulein Idda Heuberger übernimmt den Orgeldienst in der Kathedrale für den 8-Uhr-Gottesdienst an Sonn- und Feiertagen, Christenlehre und Nachmittagsandachten an jedem Sonntag, und soweit notwendig, an Feiertagen, Schulmessen, in der Regel zweimal wöchentlich. Morgengottesdienste (6 Uhr) am 1. Donnerstag und 1. Freitag jeden Monats, Aussetzung je morgens 6 Uhr am Eidgenössischen Bettag, Fronleichnamsoktav und an den vier Fastensonntagen, Mai- und Juniandachten, Fastenpredigten.*
Bezüglich der Obliegenheiten und Pflichten untersteht Fräulein Heuberger dem Pfarr-Rektorat an der Kathedrale und dem Domkapellmeister. Der Orgeldienst auf der Chororgel darf nur von männlichen Organisten ausgeübt werden.
P.S. Über die Ferienregelung wollen Sie sich jeweils mit Herrn Domkapellmeister Fuchs verständigen.

Seit Beginn ihrer Anstellung als Hilfsorganistin führte Idda Heuberger eine erbitterte schriftliche und mündliche Auseinandersetzung mit der Katholischen Administration. Sie fühlte sich neben den jeweiligen männlichen Hauptorganisten – wohl nicht zu Unrecht – schlecht besoldet und allgemein schlecht behandelt. Ihr Gehalt wurde auch nicht angepasst, nachdem sie ab dem Jahr 1950 ein Orgeldiplom und fünf Jahre später ein Konzertdiplom vorweisen konnte. Eine Unterredung bezüglich ihrer Besoldung wurde am 21. Oktober 1948 von Karl Eberle bestätigt. Anstatt Idda Heuberger entsprechend zu honorieren, wurde sie vom 8-Uhr-Orgeldienst an Sonn- und Feiertagen dispensiert, was ihren Jahreslohn von bisher 1200 Franken auf 1000 Franken reduzierte. Weiter schrieb Eberle: *Leider besteht keine Möglichkeit, Ihre Stelle als Hilfsorganistin an der Kathedrale weiter auszubauen.*

Bis ins Jahr 1960 gab es keine Aufbesserung ihres Lohnes. Idda Heuberger erstellte Listen ihrer Orgeldienste, eingeteilt nach Dienstjahren. Sie scheute auch nicht den Vergleich zwischen der 2. Organistin in der protestantischen Kirche St. Laurenzen: *Fräulein Zollikofer verdient bei 110 Dienstleistungen 4008 Franken jährlich. Ich, Idda Heuberger, bei 245 Dienstleistungen 1200 Franken jährlich.* Sie wehrte sich in dem Schreiben für ihren Stand als Berufsmusikerin und wies darauf hin, dass sie, um diesen überhaupt erlangt haben zu können, auf Nebenverdienste angewiesen war: *Wie wenn Dr. Eberle noch irgendwo Buchhalter wäre. Organistische Tätigkeit beschränkt sich schliesslich nicht nur auf die Präsenz als solche, sondern erfordert beständige strebsame Vorbereitung. Sie ist in diesem Sinne mit der Arbeit eines guten Lehrers vergleichbar und dieser mindestens auch gleichzusetzen. Ob Dr. Eberle etwas gratis tut? Ich appelliere an Christenlehre und an katholische Gerechtigkeit.* Am 11. März 1960 schickte sie den Brief mit Kopie an den *Hochwürden Herrn Pfarr-Rektor* mit den Worten: *Anbei die Aufstellung. So vieles kam immer wieder dazwischen, das meine Ruhe störte. Vielleicht wäre es mit mehr Hoffnung und Freude besser gegangen. Aber zu viel Hässliches und Liebloses, ja geradezu Unbegreifliches ist mir im Zusammenhang mit meinen sechzehn Jahren Dienst an der Kathedrale begegnet, dass mir alle Hoffnung auf Gerechtigkeit und Wohlwollen von dieser Seite verlorenging. Meine Dienste bei den Proben des Domchores konnte ich auf beiliegender Zusammenstellung nicht anführen, zählen sie doch nicht zu meinem Pflichtenkreis. Wenn ich es bis jetzt trotzdem getan habe, so geschah es aus Hingabe an die Sache und aus Freude, einen Dienst zu erweisen. Dass mein freudiges In-die-Lücke-Springen als nicht zu dankende Selbstverständlichkeit aufgefasst wird, habe ich deutlich genug erfahren müssen. Meine Erfahrungen rund um die Kathedrale sind wenig erfreulich. Gut, dass ich orgeln kann aus innerer Freude.*

Der dringliche Appell wurde, wenn auch nicht ihren Wünschen entsprechend, erhört: Ab dem 3. November 1960 sprach man Idda Heuberger eine jährliche Gehaltserhöhung von 500 Franken zu. Drei Jahre später wurde ihr Lohn um weitere 300 Franken erhöht, was sie mit einem an die Katholische Administration gerichteten Schreiben wie folgt quittierte: *Die Gehaltserhöhungen brachten keine eigentliche Besserstellung, sondern waren eine Bezahlung der inzwischen hinzugesetzten Organistendienste.* Vor Weihnachten des gleichen Jahres erfolgte dann der Durchbruch: Idda Heuberger erhielt *im Einvernehmen mit den Organen der Kirchenverwaltung St. Gallen mit Wirkung ab 1. Januar 1964 ein angepasstes Honorar für die Organistendienste in der Kathedrale und in der Schutzengelkapelle von 3600 Franken pro Jahr. Ferner wird auch Ihr Honorar für den Klavierunterricht an der Katholischen Realschule von 8.50 Franken auf 10 Franken pro Stunde erhöht.*

Der nächste Brief der Katholischen Administration war 1968 an Frau Idda Fuchs-Heuberger gerichtet und betraf eine zusätzliche Entlöhnung für die Übernahme des Orgeldienstes in den wöchentlichen Gottesdiensten der Mädchenabteilung der Katholischen Kantonsrealschule sowie ihren Lehrauftrag daselbst von zweieinhalb Stunden Klavierunterricht. Auf der Grundlage der üblichen Jahreswochenstunden-Entschädigung betrage das Honorar zurzeit für verheiratete Lehrkräfte 601.20 Franken, was in ihrem Fall künftig 1503 Franken jährlich ausmache.

Unterzeichnet waren die jeweiligen Schreiben und Verträge von Karl Eberle, welcher später als Anwalt die Interessen der Familie des Kindsvaters von Ursula Fuchs' unehelich geborenem Kind vertrat.

> **Johannes Fuchs ist nie über die damaligen Ereignisse hinweggekommen. Karl Eberle, so erzählte er mir später, sei zu ihm gekommen und habe gesagt, er könne seine Tochter in eine Klinik nach Genf schicken, es sei alles vorbereitet und es werde alles bezahlt. Fuchs wandte sich daraufhin an den Pfarr-Rektor, und der sagte, das könne es geben, ein uneheliches Kind. Es sei eine Sünde. Aber eine Abtreibung sei auch eine. Eine noch schlimmere, und komme für die Kirche nicht in Frage. Gegen die Geistlichkeit hatten die weltlichen Herren nichts mehr zu sagen. Fuchs ging dann ganz stolz mit seinem Enkel im Kinderwagen spazieren.**
> Markus Kaiser

Mein lieber Herr Direktor! Da die Waffen ruhen, hoffe ich, dass auch Sie nun entlassen wurden und sich langsam anschicken, sich mit dem Domizilwechsel nach St. Gallen vertraut zu machen. Zu Ihrer Orientierung teile ich Ihnen mit, was wir für den Wechsel resp. für den Schlusspunkt mit Herrn Prof. Dr. Scheel, der sich langsam wieder zu finden scheint, vorgekehrt haben. Die vorgesehene Ehrengabe dürfte wohl aus 1000 Franken in bar und einem Naturalgeschenk bestehen. Programmgemäss wird Scheel also am Fronleichnam zum letzten Male amtieren. Ihr ergebener H.M., Domchor St. Gallen. (16. Mai 1945)

Für Maria Fuchs-Schmidt brach mit ihrem Wegzug von Zürich eine Welt zusammen. Zwar brachte die Aussicht auf stabilere finanzielle Verhältnisse eine gewisse Entspannung. Doch sie, die sich wohl fühlte in Zürich, tat sich schwer mit dem Gedanken, in die Ostschweiz zu ziehen. St. Gallen war ihr fremd, nicht minder fremd als das Appenzellerland. Diese sonderbaren Menschen dort oben, manche kauzig, rau wie die nahen Bergflanken. Ihr wurde vom Hinaufschauen schwindlig. Sie mochte Zürich, den nahen See, den weiten Blick, die Spaziergänge mit den Kindern und, wenn das Geld reichte, die Treffen mit ihren Freundinnen und früheren Arbeitskolleginnen in der Konditorei Schober. Endlich war der Krieg vorbei, diese langen Jahre der Entbehrungen und des konstanten Erschöpfungszustandes ihres Mannes mit seinem unsteten Leben zwischen seiner Arbeit mit den Chören, den Gesangsschülern und dem Aktivdienst. Seine Nervosität und die schlechten Launen waren schwer zu ertragen gewesen. Und nun das: Sie hatte gehofft, er würde nicht nach St. Gallen gewählt. Er aber war davon überzeugt, mit seinem knapp ausgefallenen Studium als Schulmusiker und Chorleiter und ohne selber je komponiert zu haben, kaum Chancen zu haben, in Zürich beruflich weiterzukommen. Sie selbst, sagte er ihr immer wieder, habe ja erlebt, mit welcher Arroganz er teilweise abserviert worden sei.

> « Vater war halt schon nicht der Orchesterdirigent. Er hat den Chor so trainiert, dass die Sängerinnen und Sänger auf seine Einsätze reagierten, und das Orchester zog mit. Er hätte viel früher in die Proben von Schuricht gehen, er hätte das Handwerkliche lernen müssen. Ein Orchester leiten ist nochmals eine ganz andere Sache. Mit dem chorischen Singen konnte er wunderbare Erlebnisse erzeugen. Seine Stärke war das Chordirigat, die Singstimmen. Er konnte ein Werk gestalten. Ein Kyrie, ein Credo – was will der Komponist mit seinen Tönen ausdrücken? Die Analyse war ihm wichtig. Deshalb schickten ihm andere Komponisten auch ihre Werke zur Uraufführung. Ein Robert Blum seinen ‹Erzengel Michael›, zum Beispiel. »
> Peter Fuchs

Robert Blum[9] hatte Johannes Fuchs seinen «Erzengel Michael-Hymnus» für gemischten Chor, Blasorchester und Orgel ein Jahr nach dessen Fertigstellung im März 1972 geschickt: *Mein lieber Johannes, hier die Partitur. Einige Fehler, die mir beim Durchblättern in die Augen gestochen sind, habe ich korrigiert, aber wahrscheinlich hat es auch noch andere!*

Dabei, dachte Maria, hatte doch alles so leicht und vielversprechend begonnen. Die erste Begegnung mit Johannes: Sie war gerade von Frau Müller gekommen, der sie das von ihr bestellte Sortiment Stoffblumen abgeliefert hatte. Da stand er mit ihrer Mutter in der Küche. Stämmiger Körper, schalkhafter Blick, dichte Augenbrauen. Seinen Dialekt verstand sie teilweise gar nicht richtig. Es war ihr peinlich, immer wieder nachzufragen, aber er schien beim Reden immer ein paar Buchstaben zu verschlucken. «Mer höndS gaad vom Gsang ghaa», hatte er gesagt, hatte ihre Hand genommen zum Gruss, eine warme, grosse, feste Pranke von Hand. Die Eltern hatten dem jungen Appenzeller Studenten ein Zimmer in Aussicht gestellt. Er hatte den Hinweis auf die Möglichkeit einer Unterkunft von Anton Hopfensitz erhalten, dem Mann seiner Halbschwester, der wie ihr Vater aus Baden-Württemberg stammte. Johannes hatte erzählt, er beginne am Konservatorium ein Studium, und sie war ihm sogleich zugeneigt gewesen: Musik, Kunst, Theater; es musste ein Wink vom Himmel sein, dass dieser junge Mann hier bei ihnen aufgetaucht war. Jemand, der sie vielleicht von den verbitterten Blicken ihrer Mutter würde erlösen können. Die Blicke einer sprachlos gewordenen Frau, die auch jetzt, da sie älter wurde, nicht loslassen konnte von der Trauer um ihre früh verstorbenen Kinder. Konrad, ihr einziger Sohn und Marias älterer Bruder, war mit vier Jahren tot aus dem See gefischt worden. Die Mutter war überzeugt, dass das Kind einem Verbrechen zum Opfer gefallen war. Genau wie das andere Büblein, das nur Wochen vor Konrads Tod ebenfalls im See ertränkt worden war und auch einen deutschen Vater gehabt hatte. Das konnte doch kein Zufall gewesen sein. Doch es hatte niemanden wirklich interessiert, die Sache gründlich aufzuklären. Die Mutter vergrub sich in ihrem heillosen Schmerz.

Maria hatte keine Erinnerung an jenes Ereignis, sie war ja, als das Unglück geschah, erst zwei Jahre alt gewesen. Und auch an den zwei Jahre später erfolgten Tod ihrer jüngeren Zwillingsschwestern, die nur wenige Monate hintereinander starben, stiegen nur ab und zu vage Bilder in ihr auf: Die Mutter, die tagelang weinte und kein Wort mit ihr und ihrer jüngeren Schwester Ida redete. Leute, die kamen und gingen, Holzkisten, von denen sie damals noch nicht wusste, dass es Särge waren, wurden in die Wohnung und wieder hinausgetragen. Die beiden Mädchen, ihre Schwestern, waren so schnell fortgekommen, wie sie eines Tages in ihren Bettchen gelegen hatten, Barbara und Bertha, winzige Menschlein. Maria konnte mit ihren vier Jahren kaum über den Rand der Wiegen schauen. Man erklärte ihr nichts, und mit ihrem Weggang zog bleierne Schwere in die Wohnung. Kein lautes Wort war erlaubt, kein Herumspringen und schon gar kein Lachen. Die Traurigkeit hatte sich so tief im Gemüt ihrer Mutter eingenistet, dass auch die Geburt von Josefine drei Jahre nach dem Tod der Zwillinge sie nicht zu verscheuchen vermochte.

Als Maria und ihre zwei Schwestern älter wurden, bläute ihnen die Mutter bei jeder noch so unpassenden Gelegenheit ein, dass es das Beste für sie sein werde, später keine Kinder zu bekommen. Möglicherweise hatte diese lebensfeindliche Einstellung dazu beigetragen, dass sie, Maria, einen rebellisch gefärbten Hunger in sich spürte: Sie wollte leben, atmen, sie wollte sich verlieben, wie die wunderbare Leny Marenbach, die sie vor wenigen Wochen im Lustspiel «Arm wie eine Kirchenmaus» im Pfauentheater gesehen hatte. Natürlich würde es in Wirklichkeit ein solches Märchen nie geben: die Stenotypistin, die sich in ihren Chef verliebt, einen wohlhabenden Baron, der sie zwar entlässt – ihr vorher aber noch seinen Heiratsantrag in die Schreibmaschine tippt.

Johannes hatte ihr auch einen Heiratsantrag gemacht damals, aber wenn sie heute zurückblickte, war der gemeinsame Aufbruch, das

Visionäre nicht einmal mehr als Schatten vorhanden. Zwar hatte er sein Versprechen, sich um ihre Singstimme zu kümmern, eingehalten. Er überliess ihr im Kammerchor Solopartien, übte manchmal mit ihr, aber auch das immer seltener. Zu Hause war er ein anderer Mann als der, den sie in den Proben des Kammerchores erlebte. Dort blühte er auf, war immer gleich der begnadete Künstler. Alle hingen ihm an den Lippen und die Frauen auch an den Augen. Sie krochen schier in ihn hinein; das sah sie, und er, er kannte das Spiel, er spielte es gut.

> **Mutter hatte eine wunderschöne Sopranstimme. Als wir nach St. Gallen zogen, blieb sie Mitglied des Kammerchores, in dem sie seit seiner Gründung mitgesungen hatte, und trat auch in den Domchor ein. Jeden Montag fuhren die Eltern zur Probe nach Zürich; Mutter hing sehr an ihrem Zürcher Umfeld. Wir Kinder wurden während der Abwesenheit der Eltern von Mafalda Graf betreut. Sie wirtete im Leimathof und sang ebenfalls im Domchor. Später kam dann Idda Heuberger gelegentlich als Kindermädchen zu uns.**
> Marianne Fuchs

Johannes Fuchs hatte in diesen Monaten alle Hände voll zu tun. Er musste sich auf sein neues Amt in St. Gallen vorbereiten, den Umzug ins Auge fassen und die Einschulung der Kinder vorbereiten.
Nachdem ihm die Jahre des Aktivdienstes beruflich schwer zugesetzt hatten – er hatte sich, abgesehen von den Erfolgen, die er mit dem Zürcher Kammerchor feierte, weder beruflich weiterentwickeln noch neu positionieren können – überstürzten sich nun die Ereignisse. Er musste sich von seinen diversen Posten verabschieden und tat dies jeweils mit einem Konzert beziehungsweise – so etwa in der Badener Stadtkirche – mit einer Haydn-Messe. Weiterhin leitete er den Zürcher Kammerchor, das hatte er mit der Katholischen Administration in St. Gallen vertraglich ausgehandelt. Mit ihm führte er 1945 im Berner Münster das Mozart-Requiem auf und kombinierte es mit Johann Sebastian Bachs Motette «Ich lasse dich nicht, du segnest mich denn».
Im Juni des gleichen Jahres kam es zur Uraufführung der «Kleinen Missa» des damals noch am Konservatorium Zürich studierenden Komponisten Paul Huber, mit welchem Johannes Fuchs später sehr eng zusammenarbeitete. Huber bedankte sich in einem Brief an Fuchs für dessen *hingebungsvollen, uneigennützigen Einsatz*

zum Gelingen der Erstaufführung, wie auch für Ihr Wohlwollen, das Sie mir und meinem Vorwärtskommen stets und in reichem Masse entgegenbringen. Fuchs möge gestatten, die Messe ihm zu widmen.

Carl Schuricht und seine Frau Martha hatten sich in der Zwischenzeit in Genf niedergelassen. Sie erhofften sich dort unkompliziertere und kürzere Wege mit und zu den Behörden, um die Rückkehr ins *nazifreie Deutschland* vorzubereiten. Schuricht erinnerte sich in einem Brief vom Juni 1945 an den *schamlosen Betrug, den die Nazis an mir begangen sowie die Verfolgungen, die sie mir angetan haben. Schliesslich mehr und mehr durch die Gestapo.* Seine Ausreise Mitte 1944 sei seine letzte Möglichkeit gewesen, der Verhaftung zu entgehen. Er verfolgte die Konzert- und Musikszene in der Schweiz sehr genau und zeigte sich erfreut darüber, dass sich mit der Verpflichtung von Georg Kulenkampff nach Luzern eine Entspannung abzeichnete: *Die Lage ist ja nun tatsächlich eine andere geworden, das sieht man deutlich an der Verpflichtung von Professor Kulenkampff nach Luzern, wo er nicht nur dauernd am Conservatorium unterrichtet, sondern einen besonderen Meisterkurs während den Luzerner musikalischen Festwochen[10] abhält, welcher in einem ebenso besonderen Vorspielabend gipfelt, da nicht nur die Hörer des Kurses, sondern auch das öffentliche Publikum Karten kaufen kann. Was also in Luzern (ausgiebig) und Davos möglich ist, müsste auch für Zürich tragbar sein: dass nämlich ein deutscher Musiker einen Unterrichtskurs abhält. Im Übrigen ist mein Freund und hochverehrter College Kulenkampff auch in seiner Entnazifizierung immer mein Kollege gewesen.*

Er bat Fuchs, er möge ihm seine durchbezeichnete «Missa»-Partitur zurücksenden – *recommandée! bitte.*

Johannes Fuchs hatte Carl Schuricht für einen im September/Oktober 1945 geplanten Dirigentenkurs einen Teil seines Zürcher Kammerchores zur Teilnahme in Aussicht gestellt. Ende Juli kam aber die Ernüchterung: Der geplante Kurs scheiterte an den Ressentiments dem deutschen Musiker gegenüber. Schuricht schrieb am 23. Juli in einem Brief an Fuchs: *Es wäre alles ganz wunderbar gewesen. Wir hätten durch deine moralisch und musikalisch so intensive Mitarbeit etwas Schönes und Wertvolles zusammengebracht, von dem die Hörer manche Anregung und allerlei Nutzen hätten gewinnen können. Es ist nun, für jetzt mindestens, alles verunmöglicht – es hat mir Schmerz bereitet, dass all deine Mühe,*

Begeisterung und bester Wille an einer harten Realität scheiterten, die niemand von uns ahnte.
PS. Der Übersendung meiner «Missa»-Partitur sehe ich gern entgegen.

Kurz nach Fuchs' Stellenantritt in St. Gallen bemühte sich die Gesellschaft für Kunst und Literatur Kreuzlingen um einen Auftritt des Zürcher Kammerchores mit der e-Moll-Messe von Bruckner. Man würde es begrüssen, wenn das Konzert in der katholischen Kirche Kreuzlingen durchgeführt werden könnte, es aber dort nicht gestattet sei, Konzerte zu geben. Fuchs wurde darum gebeten, mit seinen *nunmehrigen Beziehungen* eine Ausnahme zu erwirken bei den massgeblichen Stellen.

In Baden war ein Nachfolger für Johannes Fuchs gefunden worden. Allerdings, wie dieser aus dem Schreiben eines Chormitglieds erfährt: *«Es fehlt ihm weder an der Begabung noch an Eifer und gutem Willen. Und umgänglich ist er auch. Aber gerade der Punkt, der die Herren der Wahlbehörde am meisten bestochen hat, sein Singen, ist eigentlich sein schwächster. Er singt weder durchwegs kultiviert noch durchwegs rein.* Doch der alte Badener Weggefährte freute sich für Johannes Fuchs, *weil dich nun die äusseren Umstände nicht mehr nötigen, dich gar so sehr zu zersplittern und weil deine Tätigkeit nicht mehr mit gar so vielen Gegensatz-Synkopen belastet ist.*

Am 1. November 1945 schickte der Hausbesitzer Traugott Walser den Mietvertrag für das Haus in St. Gallen. Noch im Mai waren die Chancen schlecht gestanden, dieses in Miete übernehmen zu können: Johannes Fuchs hatte sich bei Walser erkundigt, ob die Zentralheizung versetzt und im Wohnzimmer eine Wand entfernt werden könnten, ohne dass für ihn selber dadurch Kosten entstünden. Der Hausbesitzer antwortete darauf kurz und knapp, es tue ihm ausserordentlich leid, dass er unter diesen Bedingungen auf ein Mietverhältnis verzichten müsse, *mit Hochachtung, T.W.*

In Zürich standen die Umzugskisten bereit, als am 9. Dezember im grossen Saal der Zürcher Tonhalle Mozarts Requiem für Solo, Chor und Orchester unter der Leitung von Johannes Fuchs zur Aufführung kam.

Unter den Zuhörern befand sich der Direktor des Schauspielhauses Zürich, Oskar Wälterlin[11], der sich in einem Brief an Fuchs für die *grossmütige Überlassung der prachtvollen Plätze* bedankte. Im Gegenzug lud er Fuchs zu seiner aktuellen Shakespeare-Inszenierung von «Was ihr wollt» ein.

Am letzten Tag des Jahres 1945 traf ein Brief mit edlem Briefkopf ein: Hans Meyer, nunmehr auch er als Ziviler, schreibt seinem *lieben Gefreiten: Gestatten Sie mir, dass ich bei der vertrauten soldatischen Anrede bleibe. Wir haben zusammen sechs Soldatenweihnachten durchgeführt. Als Andenken an die schönen, schon längst der Vergangenheit angehörenden Stunden übermache ich Ihnen beiliegend einen Becher. Dieser Becher soll Sie an Ihre Soldatenzeit erinnern, er soll Ihnen aber auch sagen, dass Ihr Hauptmann Ihnen stets zu Dank verbunden bleibt.*

Ausschreibung des Konzerts vom 9. Dezember 1945 in der Tonhalle Zürich.

Dankesschreiben an Johannes Fuchs von Paul Huber.

Sonntag, 9. Dezember 1945, 20.15 Uhr, Tonhalle grosser Saal

Requiem

W. A. Mozart
Solo, Chor und Orchester

Motette: Komm, Jesu, komm
von J. S. Bach

Solisten:
Ria Ginster, Sopran
Maria Helbling, Alt
Ernst Häfliger, Tenor
Hermann Schey, Bass

Orchester: Mitglieder des Tonhalleorchesters
Orgel: Emil Rächtold

Kammerchor Zürich
Leitung
Johannes Fuchs

Billettvorverkauf: Hug & Co., Jecklin, Kuoni und Sekretariat des Kammerchores, Telephon 32 54 14

Kirchberg, d. 10. Dez. 1945

Sehr geehrter, lieber Herr Fuchs,

Herzliche Gratulation zu Ihrem gestrigen, wirklich ausgezeichneten Konzert! Das war musiziert! Dietrich war geradezu gerührt. Das war wieder einmal eine erhebende Feierstunde in der Tonhalle. Ich freu' mich auf die nächste!

In Ergebenheit Ihr
dankbarer
Paul Huber

Neuanfang in St. Gallen

Einer der Ersten, der sich zu Beginn des Jahres 1946 und bis zu dessen Wahl zum St. Galler Domorganisten im Jahr 1952 regelmässig bei Johannes Fuchs meldete, war Siegfried Hildenbrand. Er war nicht der einzige Briefeschreiber, der sich der schwarz geränderten Trauerpapierbögen bediente: nach dem Krieg herrschte eine massive Papierknappheit. Hildenbrand, zum Zeitpunkt seines Schreibens an Fuchs knapp dreissig Jahre alt, bat den Älteren um Rat und bezog sich auf die frei werdende Stelle in der Pfarrkirche Sursee. Er war nicht sicher, ob er sich, *bisher als freiberuflicher Musiker ein Opfer der vielen Privatschüler, dort bewerben sollte, um endlich einmal einen sicheren Boden unter den Füssen zu haben. Um es gleich vorweg zu sagen, würde mir St. Gallen bedeutend besser entsprechen, ich bin irgendwie mit dieser Stadt, ihrer Tradition und der Kirche geistig verbunden.* In einem späteren Scheiben bedankte er sich bei Fuchs für den *ganzen Einfluss, den Sie zu Gunsten des zu schaffenden Orgelpostens geltend machen.*

Der Alltag in St. Gallen begann sich einzupendeln. Peter Fuchs kam in die katholische Knabensekundarschule Flade; die zwei Jahre jüngere Marianne ins Schulhaus Hadwig, Ursula in den Kindergarten.

Domorganist und Komponist Siegfried Hildenbrand.

Peter, Ursula, Marianne und Johannes Fuchs im Garten des Hauses in St. Gallen Rotmonten.

> **Der Lehrer hat mich an den Zöpfen gezogen, weil ich Zürcher Dialekt sprach und Lateinschrift schrieb. Später kam ich dann auch in die Flade, durfte aber nicht mit meinem Bruder hingehen, die Schwestern, die dort unterrichteten, hatten das verboten. Eine schreckliche Zeit. Zu Hause tat ich mich schwer damit, dass immer sogenannte berühmte Leute da waren. Wir mussten ruhig sein, wenn Vater Probe hatte. Damals gab's noch keine Proberäume, Vater hat Soloproben ausschliesslich zu Hause gemacht. Aber wenn Ernst Häfliger[12] kam, hatten wir es immer lustig, der war ein ganz Lustiger! Vater hatte sein Talent entdeckt, so, wie er auch viele andere jüngere Musiker und Komponisten gefördert hat. Häfliger durfte bei ihm solistisch auftreten und ist dann auch sein ganzes Sängerleben lang zu einem Spezialpreis bei Vaters Konzerten aufgetreten.**
> Marianne Fuchs

Das chronische Problem nicht bezahlter Rechnungen und der darauf folgenden Mahnungen setzte sich auch in St. Gallen fort. Ebenso die wiederholten Nachfragen von Briefeschreibenden, die offenbar ohne Antwort von Johannes Fuchs blieben.

Betr. unsere Umzugsrechnung vom 29. Nov. 1945, wir nehmen höflich Bezug auf unsere telephonischen Monierungen und gestatten uns, Ihnen nochmals mitzuteilen, dass in unseren Büchern der Rechnungsbetrag von 411 Franken immer noch offen ist. (11. Februar 1946)

Da wir verpflichtet sind, für nicht bezahlte Prämien zu mahnen, sandten wir Ihnen am 7. März einen eingeschriebenen Brief, der uns aber von der Post mit der Bemerkung «nicht abgeholt» zurückgegeben wurde. Beilagen: Mahnschreiben; Einzahlungsschein. (20. März 1946)

Bevor ich weitere Schritte unternehme, möchte ich doch noch persönlich an Ihre Einsicht appellieren. Von Bern ist Weisung eingegangen, dass die rückständigen Beiträge unverzüglich bezahlt werden müssen, andernfalls den Bestimmungen über das Mahn- und Bussenwesen strikte nachgelebt werden müsse. Ich bin daher gezwungen, die Betreibung gegen Sie einzuleiten, sofern bis zum 30. Juni die Restanz nicht bezahlt ist, wobei überdies noch eine Busse ausgefällt werden kann. (25. Juni 1946)

Knapp ein Jahr nach seiner Berufung nach St. Gallen, am 6. März 1946, verfasste Johannes Fuchs ein Schreiben an die Kommission der katholischen Realschulen St. Gallen. Er bat darum, ihn vom Unterricht in der Mädchenrealschule zu entbinden, da er mit seinen vielen Verpflichtungen *vollkommen überlastet* sei. Die Kommission bedauerte in ihrem Antwortschreiben, innerhalb nützlicher Frist keine *gangbare Lösung* anbieten zu können, bat aber um Geduld und stellte in Aussicht, dass der Gesangsunterricht bei den Mädchen im kommenden Jahr ganz gestrichen werde solle. Im Juni des gleichen Jahres wurde der Umstand einer *beruflichen Überlastung* von der Katholischen Administration anerkannt. Fuchs wurde zwar nicht vom Unterricht entbunden, erhielt jedoch rückwirkend auf das laufende Schuljahr ein zusätzliches Honorar von jährlich 1200 Franken.

« **Musiktheorie hat ihm widerstrebt. Er war zu sehr Künstler, Chormeister, Chordirigent. Das war seine grosse Passion. Er konnte mit seiner eigenen grossen Stimme bis ins tiefe E vorsingen, aber auch bei den Tenören bis ins B. Noch auf dem Totenbett hat er mit unserer Tochter Stimmübungen gemacht.**
Mein Vater ist und bleibt mein musikalisches Vorbild. Er hatte etwas, für das es nicht wirklich Worte gibt, das man nicht beschreiben kann. Woher er das hatte – das weiss kein Mensch. Es entstand in ihm drin und breitete sich aus. Wenn ich mich daran erinnere, wie ich manchmal unter dem Flügel sass, wenn er mit jemandem, manchmal auch mit meiner Mutter übte. Er fragte: ‹Was ist ein Klang, warum schwebt der eine und der andere ist tot?› Den Klang, die Balance von Energie entfalten und halten, dass sie genau dorthin kommt, wo es eine Schwingung gibt. Das ist für mich prägend bis heute. Er spielte mit mir am Klavier Schumann-Romanzen und konnte Anregungen geben, wie eine Melodie passiert, wie eine Melodie lebt. Sie beginnt an einem Ort, führt an einen Ort und kehrt wieder zurück. Natürlich muss man die Technik beherrschen. Doch das, was darüber hinaus geht und aus dem Moment entsteht, das ist ein Geheimnis. »
Peter Fuchs

Als neugekürter Domkapellmeister musste sich Johannes Fuchs mit der St. Galler Gesellschaft im religiösen und kulturellen Rahmen vertraut machen. Er wurde von allen Seiten mit Anfragen, Bitten, Bewerbungen und Aufforderungen angegangen. Angesichts des eben zu Ende gegangenen Weltenbrandes suchten die Men-

Der 1933 geborene Johannes Peter Fuchs war bis zu seiner Pensionierung Oboist beim Radio-Orchester in Basel und Dozent am Konservatorium, der heutigen Zürcher Hochschule der Künste in Zürich. Im Hintergrund ein Ölporträt seines Vaters, gemalt von Franz Rederer. Peter Fuchs lebt mit seiner Familie in der Nähe von Zürich.

schen nach Trost und nach Antworten. Die Freunde der Musica Sacra scharten sich um den Appenzeller Heilsbringer. Viele Komponisten wollten ihre Werke von ihm aufgeführt wissen, sie schickten Manuskripte, fragten nach Monaten nach, baten – in der Regel vergeblich – um Rücksendung der Originale. Johannes Fuchs möchte musizieren, Werke zur Aufführung bringen und Menschen verzaubern. Ihm graute vor den hohen Stapeln Korrespondenz. Er sass zu Hause an seinem Flügel, öffnete die Briefe, las und sprach in sich hinein.

Ich bin eingekreist. Sie beobachten mich, nirgends ist man vor ihnen sicher. Sie warten nur auf den richtigen Augenblick, um über mich herzufallen. Geldeintreiber. Buchhalter. Bürolisten. Giftspeier. Günstlinge. Die Fuchsjagd ist eröffnet. Schweisshunde, ich kann sie riechen. Traugott, dieser Blutsauger, jeden Rappen rechnet er mir vor – Saldo zu meinen Gunsten «bin dankbar, wenn Sie diesen Posten in Bälde erledigen würden, damit diese alten Sachen einmal erledigt sind». Hildenbrand sitzt mir auch im Nacken – «Ich versichere Ihnen, Ihre Bestrebungen mit grossem Interesse zu verfolgen – im Gegensatz zu den Neidern, die bei den

Musikern immer wieder anzutreffen sind.» Neider! Das sagt er dem Richtigen. Von denen kenne ich selber genug.
Und was ist das? Ah, Vonderach, dieser Schleimer! «Der Bischof ersucht darum, von dem Konzerte in der Kirche Rheinau abzusehen, wegen der Konsequenzen, die eine solche Präjudiz auch in anderen Fällen schaffen würde.» Dass ich nicht lache. Präjudiz! Scheinheilige, nichts als Scheinheilige! Von ihren Schäfchen nehmen sie doch auch Geld.
Alles für Gottes Lohn. Gratis Stunden. Gratis Kurse. Gratis Konzerte. Alles gratis. Und die Herren des Kapitels fressen sich satte Bäuche an.
Und hier? Aha! «Es wird uns ein steter Ansporn zu weiterem Streben nach solchen Höhen in der Kunst sein, Ihr Fräulein I. Heuberger.» Jaja, tüchtig, tüchtig, das Fräulein Heuberger.

Der gute alte Dietrich! «Ich habe beim Auftritt Ihres Kammerchores eine richtige religiöse Weihestunde erster Güte erlebt, und ich darf sagen, dass mir die Musik von Mozart halt mehr zusagt als jene von Bruckner.»

Birchler dankt für die Freikarten, soso. «Habe Vieles gelernt … Dass sie das ‹Cruzifixus› ersetzten, ist legitimiert – ich erschrak zuerst, als ich's im Programm las – denn die seelische Haltung ist der Messe kongenial, auch wenn das Sätzlein etwas kurz gehalten wird.»

Ach, die liebe Trudi: «Ich möchte Sie durch meine Ungeschultheit nicht länger quälen und ziehe mich gänzlich zurück. Der liebe Gott legt eben nicht jedem Menschenkind gleich viel in die Wiege. Aber müssen denn die weniger Begabten von anderen so blossgestellt werden?» Beleidigte Leberwurst, jaja, soll sie. Wenn ich «Gral» sage, dann muss das kommen, das A, und wenn ich «Gnade» sage, dann wächst die auch nicht hinter den Ohren der Mamsell.

Und hier! Spassvogel Hilber. Oder soll ich Galgenvogel sagen. – «Gell hä! Wir locken dich, nein wir räuchern dich wieder aus deinem Loch, du alter Fuchs! Am Samstag packen dich beim schütteren Fell! Die zwei Jagd-, Treib- und Kesselhunde Badi Dachs und J. Haab.

«Sehr verehrter Herr Fuchs, ich muss die Probe absagen, habe ein verknaxtes Knie.» Soso – mit x geschrieben. Auch gut. Nein, fast noch besser!

Und was ist das da? Ah, doch noch etwas Erfreuliches. Huber schickt «eine kleine Beilage aus meiner Werkstatt». Ein wirklich begabter Bursche, dieser Huber. Ein Motettchen. Lass mal hören. Johannes Fuchs intonierte Hubers Beilage aus dessen Werkstatt. *Huber! Saperlott! Die Sachen, die er mir von Dietrich gebracht hat, sollte ich auch endlich anschauen. Wo habe ich sie überhaupt?* Fuchs wühlte in den Papieren auf seinem Flügel, zog endlich einen Umschlag heraus. *Da ist sie ja! A cappella will er das. Da wird er Mühe gehabt haben, die in Kirchberg mit genügend unteren Stimme zu besetzen, wenn alle Mannen im Militär waren. Im «Et incarnatus» die Bläser mit Dämpfern! Und dieses H, was macht das hier?*

Maria betrat das Wohnzimmer. Hinter ihrem Rücken versteckte sich Marianne, sie hopste herum, duckte sich und trat dann mit einer eleganten Verbeugung, die Arme nach hinten hochgestreckt, hervor. *Papa, ich kann jetzt den Spagat!* Fuchs hob den Kopf, schaute zu seiner Tochter und rief lachend: *Den Spagat! Mit beiden Beinen! Führ' ihn mal vor!*
Doch nicht hier, Johannes, warf Maria ein, die sich an der Clivia zu schaffen machte, deren Blätter sich bedrohlich ins Gelbe verfärbt hatten, und sagte dann zu Marianne gewandt: *Zuerst zeigst du Papa deinen Aufsatz. Zu wenig Licht,* fügte sie hinzu, mehr zur Pflanze als an ihren Mann gerichtet.
Wir mussten über unseren Traumberuf schreiben, sagte Marianne, flitzte aus dem Zimmer, um kurz darauf mit ihrem Schulheft wieder aufzutauchen.
Euren Traumberuf! Soso! Was ist denn dein Traumberuf?, fragte ihr Vater.
Das weisst du doch, Papa!
Lies mal vor!, forderte dieser seine Tochter auf.
Johannes Fuchs rutschte auf dem Klavierstuhl leicht zur Seite, und Marianne setzte sich neben ihren Vater.
Mein Traumberuf, begann sie zu lesen.
Mein Traumberuf ist Tänzerin. Ich habe keinen anderen Traumberuf als diesen. Mein Vater ist Dirigent. Er dirigiert verschiedene Chöre. Manchmal wird er ins Theater oder in die Oper eingela-

den. Einmal durfte ich mit. Es lief «Der Nussknacker». Der Nussknacker muss gegen den Mäusekönig kämpfen. Er gewinnt die Schlacht dank einem Mädchen, es heisst Mascha. Mascha hat das alles geträumt. Dann wird der Nussknacker in einen Prinz verwandelt und geht auf die Zuckerburg, und dort gibt es ein Fest. Ich wäre gerne die Zuckerfee. Es gibt viele Süssigkeiten auf der Zuckerburg.

Das ist ein schöner Aufsatz, antwortete Vater Johannes Fuchs seiner Tochter. *Dein Traumberuf ist aber ein ganz strenger, weisst du das! Man muss viel üben. Jeden Tag mehrere Stunden. Und eine Schule müsste man auch finden. Und das kostet alles viel Geld. Jetzt müssen wir zuerst einmal den Peter durchbringen.*

Tanzen ist nicht streng, entgegnete Marianne.

« **Ich wollte einfach unbedingt tanzen. Obwohl ich weder Füsse noch Beine zum Tanzen habe. Die Natur gab mir nichts. Ich habe den Körper vom Vater geerbt, den stämmigen Appenzeller Körper. Bis ich es nur schon schaffte, die gleiche Qualität auf den Spitzen hinzubekommen wie andere. Ich lief zum Training unzählige Male zu Hause auf den Spitzenschuhen vom obersten in den untersten Stock. Vater hoffte einfach darauf, dass ich es dann doch nicht machen würde. Tanz war damals noch kein anerkannter Beruf. ‹Und wenn du fertig ausgebildet bist, verdienst du 300 oder 400 Franken im Monat›, sagte er, und er könne mir nichts geben, ich müsse selber für mein Leben aufkommen. Das tat ich auch. Die Ballettstunden kosteten 100 Franken und das Monatsabonnement nach Zürich 24 Franken im Monat. Ich habe Vater versprochen, dass ich jeweils einen Apfel, ein Stück Brot und einen halben Liter Milch von zu Hause mitnehme, und er mir kein Taschengeld geben muss. Wir hatten einfach nie etwas übrig, doch wenn wir zusammen nach Zürich fuhren, lud er mich manchmal in den Speisewagen ein und kaufte mir eine Ovomaltine. Das war dann ein Festtag.** »
Marianne Fuchs

Die junge Ballettschülerin Marianne Fuchs beim Training.

Die Tütüs der jungen Tänzerin Marianne Fuchs.

Die Tänzerin und Tanzpädagogin Marianne Fuchs verdiente ihr erstes Geld während der Schulzeit als Statistin am Theater St. Gallen. Ihre ersten Tanzstunden erhielt sie bei der Tänzerin und Choreographin Mara Jovanovits, die ab 1939 als Leiterin des Balletts am Theater St. Gallen eine professionelle Truppe aufbaute, mit ihr beachtliche Kammertanzprogramme und Ballettabende zur Aufführung brachte und mit ihren weiterum beachteten innovativen Tanzprojekten auch in andere Schweizer Theater eingeladen wurde.

» Mara war eine Wunderchefin. Und Grittli Stauber, die hat mich auch gefördert. Sie war bei Mara Solistin; befreundet mit Zollikofer, mit dem von der Zeitung. Er hat sie so hoch verehrt, er machte für sie zur Premiere Margeriten aus Pappe, die drei Meter hoch waren, und so Sachen. Und Grittli hat ihn einfach nicht erhört. Sie hat dann später den Zahnarzt Wetzel geheiratet. Wahrscheinlich hatten sie sich in seiner Praxis kennengelernt, sie hatte zwei übereinander stehende Zähne. Das war ihr Markenzeichen. Leider hat er das dann korrigiert. Mara Jovanovits war es auch, die mich in die Tanzschule der Migros Klubschule einführte. Ich selber baute diese in der Ostschweiz an verschiedenen Standorten aus und hatte insgesamt bis zu 300 Schülerinnen und Schüler. Mara heiratete Gotthilf Kachler, der war damals Intendant in St. Gallen, er war homosexuell, aber es war trotzdem eine gute Verbindung. Die beiden holten wichtige Leute ans Theater, es gab Synergien zwischen Schauspiel und Tanz. Man brachte Stücke wie ‹Faust› oder ‹Ödipus› heraus. Alles natürlich noch im alten Haus am Bohl[13]. In der Oper dirigierten deutsche Meister wie Carl Schuricht und Alexander Krannhals. »
Marianne Fuchs

Marianne Fuchs nahm nach Abschluss ihrer obligatorischen Schulzeit Tanzunterricht bei Mario Volkart in Zürich, dem Schweizer Ballettlehrer und Tanzpädagogen, der 1929 als Solotänzer an die Opéra de Paris berufen worden war. In Zürich betrieb er seit 1935 ein Privatstudio. Diese Stunden nahm sie nebenbei, während sie in St. Gallen die Haustöchterschule absolvierte.

» **Nach der Töchterschule arbeitete ich im Restaurant Goldenes Schäfli. Während den Zimmerstunden ging ich in den ‹Weinfalken› zum Bügeln. So verdiente ich neben dem Tanzen meinen Lebensunterhalt.** »
Marianne Fuchs

Am Stadttheater St. Gallen, dessen Balletttruppe Marianne Fuchs während sechs Jahren angehörte, erlitt sie, wie Mario Volkart lange vor ihr, einen Unfall auf der Bühne, welcher für ihre Tänzerinnenkarriere das Aus bedeutete.

> **In ‹Peter und der Wolf› sollte ich die Katze spielen. Wir hatten Löcher in den Böden und darüber lagen Teppiche. Ich blieb mit dem Spitzenschuh hängen. Da war ich 23 Jahr alt.**
> Marianne Fuchs

1965 wurde Marianne Fuchs ebenfalls Mutter eines unehelich geborenen Sohnes. Gemeinsam mit ihrem aus Skandinavien stammenden Partner, damals Student an der Hochschule St. Gallen, entschied sich das Paar gegen eine Heirat und gegen eine gemeinsame Zukunft. 1970 nahm Marianne Fuchs Daniel zu sich, der bis dahin beim Grossvater gelebt hatte und in der neuen Partnerschaft mit Idda Fuchs-Heuberger und dem gemeinsamen Sohn Johannes Fuchs Junior nicht mehr geduldet war.

Die Tanzpädagogin und frühere Theatertanzschulleiterin Marianne Fuchs. Im Hintergrund ein Gemälde von Franz Rederer. Marianne Fuchs lebt in St. Gallen.

> « Ich hatte mich an eine professionelle Beratung gewandt. Es war eine schwere Zeit für uns alle. Besonders für Vater. Für Daniel war der Grossvater die wichtigste Bezugsperson gewesen. Doch in der neuen Familie mit dem kleinen Sohn war er in dem Haus nicht mehr erwünscht. Von da an waren wir drei eine Familie: mein Sohn Jan, mein Neffe Daniel und ich. Wenn ich Ende Monat mein verdientes Geld auf den Tisch legte, musste mein Sohn alle Rechnungen zusammenlegen, und Daniel rechnete aus. Was übrigblieb, das wussten beide, musste reichen für den Lebensunterhalt. Wir waren wahre Künstler im Überleben. In der Nacht habe ich als Putzfrau gearbeitet. Die 18 000 Franken Abfindung, die meine Schwester von der Familie des Kindsvaters erhalten hatte, legte Vater auf die Seite für Daniels Ausbildung. »
> Marianne Fuchs

Daniel Fuchs absolvierte das Lehrerseminar, begann später ein Studium der Musikwissenschaften an der Universität Zürich, brach dieses ab und begann frei zu komponieren. Er ist Mitbegründer der Literaturzeitschrift «Noisma» und der musikalischen Veranstaltungsreihe «Contrapunkt». In den 1980er-Jahren erschien seine Lyrikmappe mit dem Titel «Windschatten meiner Gedanken» mit Radierungen der Tänzerin Verena Weiss. Entstanden waren die Werke im Atelier des St. Galler Bildhauers Max Oertli. Später unterhielt Daniel Fuchs einige Jahre ein Geschäft für Musikalien in St. Gallen und war als Buchhändler tätig. Für den St. Galler Komponisten Alfons Karl Zwicker schrieb er das Libretto zum Opernwerk «Der Tod und das Mädchen».

Daniel Fuchs, Sohn von Ursula C.-Fuchs. Er lebt mit seiner Familie in St. Gallen.

Unermesslich –
die dunkeln Akkorde
hinabgesenket ins Tiefe
wo Seele an Seele sich legt.

Ihr Stimmen, Unvergänglichen!

Im Wind möchte ich sein, im Wind
der sich auslandt in den Bäumen
ewig und namenlos.

Schwer fallen die Rosen
In die Schatten der Mauer
Dahinter ein Mensch schläft
Mit dunkeln Träumen.

Da wird die einzige Stimme
Diese Nacht trauert
Mit den Rosen
Mit den Menschen.

* Am Friedhof *

Wir – etwas verloren – spielen
an den hellen Wässern des Lebens
und denken.

Reglos steht ein Baum;
er atmet die Frühe.

Wir – etwas verloren – wohnen
im Schatten der Gräber
und denken nicht.

Dunkel – ahnen wir
das wissende Auge
unter dem Lid der Toten.

Gedichte aus den Jahren 1981 und 1982 von Daniel Fuchs, Enkel von Johannes Fuchs.

Um die Jahre 1946/47 häuften sich die an Johannes Fuchs gerichteten Bittbriefe aus Deutschland und Österreich. Musikerkollegen, denen es an allem fehlte, schrieben von dramatischen Umständen und baten um jede Art von Hilfeleistung: Väter baten um Schuhe, Kleider und Lebensmittel für ihre Kinder; Musiker, die in Städten lebten, deren Bibliotheken zerstört worden waren, baten um Musikalien. Unter den Briefen fand sich einer aus Ottobeuren, wo, wie der Bittsteller schrieb, *zum Schluss des Krieges noch so viel verlorenging.* Er wies im Weiteren auf die schöne Kirche mit einer Jahrhunderte langen Pflege der kirchenmusikalischen Tradition und auf die schöne Orgel hin.

In den darauf folgenden Jahren kam es dort zu weit herum beachteten Konzerten von Kammerchor Zürich und Domchor St. Gallen. Am 2. September 1956 erlebte Ottobeuren Paul Hubers Requiem als deutsche Erstaufführung, nachdem es im Frühling desselben Jahres in Zürich uraufgeführt worden war. Unter den Zuhörern in Zürich war der nunmehr in Winterthur lebende Musikdirektor Bernhard Henking. Er gratulierte Fuchs in einem Brief für die grossartige Leistung, die er mit einem ausgezeichneten Chor und dem Tonhalleorchester vollbracht habe. *Das Requiem von Paul Huber hat auf mich einen sehr starken Eindruck gemacht. Allerdings schien mir, dass der Hörer von dieser ungeheuren Klangfülle in Verbindung mit der Länge und den Dissonanzen fast erschlagen wird. (…) Ganz gewiss aber steht fest, dass Huber etwas zu sagen hat, und dass Sie dabei die Mittlerrolle des Auf-*

führungsleiters innehaben, ist eine besonders wichtige und dankbare Aufgabe für Sie.

Die deutschen Kritiker äusserten sich hingegen gespalten über den zweistündigen Auftritt in Ottobeuren. Der 38-jährige Huber habe *von Verdi bis Skrjabin und Schreker allerhand gehört, das aber ungenau. Sein kompositorisches Können kann auch der Gutwilligste nur als mangelhaft bezeichnen. Der Tonsetzer illustriert die Sequenz des «Dies irae» – einen der gewaltigsten Texte der Weltliteratur – Wort für Wort programmatisch, unter Aufgebot eines zwei Stunden lang strapazierten Apparates von monströsen Ausmassen. Eine weinerliche Chromatik, eine klebrige Klangphantasie und ein haltlos primitiver Tonsatz rücken einen der erhabensten sakralen Vorwürfe auf die Stufe schmerzlichsten religiösen Kitsches. Dass derartige Entgleisungen überdies noch auf geweihtem Boden vor einem tausendköpfigen Publikum in Szene gehen dürfen, erfüllt mit Erschrecken. Karl Schuhmann, Süddeutsche Zeitung.*

Willi Leininger schrieb in der Günzburger Zeitung, Paul Huber beherrsche zwar das orchestrale Instrumentarium in *geradezu frappierender Weise, die Gefahr der bei Nadja Boulanger in Paris erlernten Beherrschung aller technischer Mittel hat er allerdings nicht umgangen. Manchmal erschlug das akustische Aufgebot nicht nur den Zuhörer, sondern auch die innere Substanz der Komposition.*

Im Jahr 1958, fünf Jahre nach der ersten Aufführung in Ottobeuren, war auch die St.Galler Stiftskirche zu einem ersten Konzert bereit: Zur Aufführung gelangte Bruckners f-Moll-Messe sowie das Te Deum unter der Leitung von Johannes Fuchs, mit dem Domchor St.Gallen, dem Zürcher Kammerchor und dem Radio-Orchester. Zu dieser Aufführung lud Johannes Fuchs wie schon bei früheren Konzerten Bundesrat Philipp Etter ein, den damaligen Vorsteher des Departements des Innern – mit Erfolg: Karl Eberle habe ihn bereits schriftlich und eingehend orientiert, *und ich möchte Sie jetzt schon, unserer persönlichen Aussprache vorgelagert, zum materiellen und moralischen, herrlichen Erfolg der St.Galler Bruckner-Aufführung von Herzen beglückwünschen.*

Hindernisse

Mit seiner Korrespondenz ging Fuchs weiterhin fahrlässig um. Ab 1948 erhielten die Mahnschreiben an den Domkapellmeister einen bedrohlich klingenden Tonfall. *Mit Befremden hat die Sängerschaft die Mitteilung entgegennehmen müssen, dass Sie bis heute noch nicht einmal geantwortet haben, was mindestens hätte erwartet werden dürfen. Sie können doch unmöglich der Meinung sein, unsere Anfragen verdienten nicht einmal eine Antwort. Meine Bitte geht dahin, die Bände und schwer beschaffbaren Partituren zurückzusenden. Sie besitzen auch meinen persönlichen Band Heim 1 für gemischten Chor, den ich als Andenken an meine frühere Tätigkeit unbedingt zurückerwarte. Die beigelegte Rücksendepostmarke war wie bei unzähligen anderen Schreiben nicht entnommen worden, was darauf schliessen lässt, dass auch dieser Brief unbeantwortet geblieben ist.*

Habe ich Ihnen nicht schon im Januar meine Absicht mitgeteilt? Sind Sie mir nicht auch damals wochenlang die versprochene Antwort schuldig geblieben. Bis heute? Was kann es sein, das Sie zu diesem fast verletzenden Schweigen veranlasst?

Habe Ihnen vor einiger Zeit unter zwei Malen nach St. Gallen geschrieben, bin aber ohne Antwort und ohne Retour-Post geblieben. Ich erlaube mir, Sie nochmals folgendes zu fragen, wozu ich nochmals Antwortmarken beilege: e-Moll Messe Bruckner: Hatten Sie bei der Aufführung im Berner Münster die Bläser von Bern? An wen schreiben? Haben Sie selber eine Partitur mit den Bläsern, oder wo beziehen? Ich hoffe auf sofortige gütige Antwort, da die Sache pressiert.

Ich möchte Sie im Namen unseres Cäcilienvereins bitten, die drei handgeschriebenen Partituren umgehend zurückzuschicken, weil wir sie benötigen und bekanntlich nicht kaufen können.

Bei dieser Gelegenheit bitte ich Sie erneut, doch darauf bedacht zu sein, dass Ihr Kammerchor endlich die alte Schuld von November bei mir ausgleicht. Es ist mir unbegreiflich, dass Ihnen diese Angelegenheit nach und nach nicht selber peinlich wird.

Auf das am 1. Oktober 1947, also vor drei Jahren bezogene Sabel Piano schulden Sie uns heute noch 857 Franken plus CT. Crrt. Zins. Nachdem uns seit April 1948 keine Zahlung mehr zugegangen ist, müssen wir Sie nun doch höflich ersuchen, für eine baldige Erledigung unserer Forderungen besorgt zu sein.

Es ist jetzt fast ein Jahr her, dass Sie mir versprochen haben, Ihre Rechnung für die Haydn-Messe zu bezahlen. Aber bei Ihnen bleibt alles nur beim Versprechen. Ich bin daher gezwungen, anders mit Ihnen zu verfahren und erkläre Ihnen hiermit, dass, wenn ich bis 15. Juni 1949 das Geld nicht in den Händen habe, unweigerlich am 16. Juni die Betreibung einleite.

Wir sind versichert, dass Sie unsere Ungeduld aus der Sache heraus begreifen werden – ist es doch auch uns nicht angenehm, in dieser Weise insistieren zu müssen.

Bei der Durchsicht unserer Bücher finden wir auf Ihrem Konto die nachstehenden fälligen Posten noch unbezahlt.

Wir nehmen Bezug auf unsere diversen früheren Schreiben und ersuchen Sie hiermit erneut ebenso höflich als dringend, die auf Ihrem Darlehen per 31. Dezember verfallenen Zinsen von total 305 Franken doch regeln zu wollen.

Einen freundschaftlichen Ton schlug in all seinen Briefen der Wettinger Arzt und Musiker Oscar Spörri an. Die beiden Männer kannten sich vom Zürcher Kammerchor, in welchem Spörri, der in Wettingen die Schola Cantorum gegründet hatte, ebenfalls, teils solistisch, mitsang.

Lieber Johannes, eine kleine, unbescheidene Anfrage. Da du am Konzert vom 11. Juni schon die Bläser beisammen hast, würde sich eine Aufführung des Sanctus und Agnus Dei oder das Gloria aus Badi Hilbers «Missa pro Patria» nicht noch einrichten lassen? Aus privaten Äusserungen unseres gemeinsamen Freundes weiss ich, dass er im Stillen immer wieder auf dich hofft! Wir sollten schon einmal für ihn etwas Gutes tun. Als körperlich schwer Leidendem würde ihm dies doppelt wohl tun. Nimm mir die Sache nicht übel. Es ist gut gemeint.

Johann Baptist Hilber hatte 1943 einen Nervenzusammenbruch erlitten; seither war sein rechter Arm gelähmt.

Nicht zufrieden war Oscar Spörri mit seinem eigenen sängerischen Mitwirken an einem von Fuchs geleiteten Konzert. Gegeben wurde das «Locus iste», die Bruckner Mottete für gemischten Chor a capella in C-Dur. *Ich hatte keine gute sängerische Umgebung, eine Stimme aus Buchenholz und Sägemehl sang neben mir.* Im Weiteren monierte er die Übersetzung, speziell des Begriffs «irreprehensibilis». *Das heisst doch in diesem Fall: unfassbar, mit den Sinnen nicht zu begreifen, übersinnlich, unbegreiflich. Auch das aufgepflanzte Königspanier ist etwas holprig übersetzt.*
Johannes Fuchs liess den Vorwurf der falschen Übersetzung nicht gelten und warf Spörri vor, er habe irgendwo etwas abgeschrieben, worauf dieser zurückschrieb: *ich habe nichts abgeschrieben, sondern nur Befürchtungen geäussert. Aber nun lebe wohl und freue dich.* Und der praktizierende Mediziner rät seinem Freund: *Gönn dir eine Ruhepause! Du hast sie sehr nötig. Ich sah es dir bei verschiedenen Stellen an, da deine Gesichtsfarbe sich änderte und offenbar wurde, dass man seine Kräfte nicht überbeanspruchen soll.* Er selber, weil er demnächst zusammenzuklappen drohe, nehme eine Woche Ferien, und zwar genau zu der Zeit der Uraufführung des Requiems in Zürich, er müsse um seine Gesundheit besorgt sein. Er hoffe, die Presse werde gebührend auf das Konzert aufmerksam machen: *Odermatt könnte doch eine Analyse mit Beispielen bringen, so wie man es für weit weniger wichtige Werke jeweils in der NZZ tut. Vor allem die katholische Presse dürfte dieser Tat ganz aufgeschlossen gegenüberstehen, gilt es doch auch zu zeigen, dass wir nicht schlafen, auch wenn man es verschiedenenorts meint, so gewisse Herren vom Radio, von denen mir kürzlich einer sagte, es sei schade, dass die gegenwärtige katholische*

Kirchenmusik keine Exponenten habe wie die protestantische, worauf ich antwortete, dass wir mindestens Leute gleicher Kraft hätten, dass man sie aber an gewissen Orten totschweige.

Der Komponist Paul Huber hielt sich 1947/48 in Paris auf, um bei der Komponistin, Dirigentin und Musikpädagogin Nadia Boulanger sein Studium zu vertiefen. Boulanger wurde nach dem Zweiten Weltkrieg bekannt durch ihren Pariser Salon «La Boulangerie», wo sich berühmte Musiker wie Arthur Honegger und Leonard Bernstein trafen. Huber schrieb an Fuchs, in Paris interessiere ihn vor allem die Musik, *die meistens von modernen, zeitgenössischen, bei uns unbekannten französischen Musikern stammt. An Opern kann man Werke von Rossini, Puccini, Gounod (natürlich «Faust», der zum 2246. Mal gegeben wird), Bizet («Carmen» zum 2550. Mal) etc. sehen.* Er äusserte sich begeistert von einer Aufführung in französischer Version von Wagners «Die Meistersinger»; war enttäuscht vom «Fliegenden Holländer»; schrieb enthusiastisch von Offenbachs «Hoffmanns Erzählungen». *Aber damit nicht genug: Noch sind da die beiden Säle der Comédie Française, wo man die bewährten Klassiker Racine, Corneille und Molière, wie auch einige bewährte neue Dichter (Mauriac, Claudel, Montherlant) pflegt. Damit sind aber Paris' Theatermöglichkeiten noch bei Weitem nicht erschöpft. Es existieren neben einer Unzahl kleiner Bühnen die sog. Avantgarde-Theater, die Ausgezeichnetes bieten. So erlebte ich kürzlich zwei ausgezeichnete Aufführungen, die eine im Hébertot mit Montherlants Stück «Le maître de Santiago» und im Athénée mit dem neuentdeckten Molière-Drama «Don Juan», das sich als der Gipfelpunkt des Molièrschen Schaffens herausgestellt hat.*
Noch habe ich nicht vom Louvre, in dessen Schatten ich wohne, und nicht von den Kunstgalerien und noch so manchem anderen gesprochen. (...) Ich bin glücklich, dass mir die Gelegenheit nochmals geboten ward, von diesen Reichtümern zu schöpfen nach Herzenslust – und danke Ihnen von Herzen, dass Sie mich dazu überredet haben! Ihr ergebener Paul Huber.
P.S. Entschuldigen Sie bitte, dass ich Sie nicht duze, wie Sie's einmal wünschten. Ich wage es noch nicht. Aber von Ihnen darf ich es verlangen mir gegenüber, gelt? Ihr Du zu mir tut mir wohl.

Paul Huber – auch er ein grosser Bruckner-Verehrer – war 1918 in Kirchberg SG in eine Bauernfamilie hineingeboren worden. Als er zehn Jahre alt war, starben der Vater und die mit dem siebten Kind schwangere Mutter an einer Fleischvergiftung. Sechs Kinder mussten in Pflegefamilien untergebracht werden; Paul, der zweitälteste, wurde vom in Kirchberg lebenden kinderlosen Ehepaar Stolz aufgenommen. Ein Glück für ihn. Der Bub wurde gefördert, konnte die Matura machen und gleich anschliessend am Konservatorium Zürich ein Musikstudium absolvieren. Er war erst Organist im stanktgallischen Wil; ab 1951 und bis zu seiner Pensionierung unterrichtete er an der Kantonsschule St. Gallen Gesang und Klavier. Er erhielt mehrere Preise und Auszeichnungen. Sein Sohn, der in St. Gallen als Apotheker tätige Gabriel Huber, erinnert sich an seine Kinderjahre, als das Dreier-Gespann Huber-Fuchs-Hildenbrand nach Sonntagsgottesdiensten im «Seeger» sass: *Sie setzten sich immer an den gleichen Tisch. Ich trank meinen Sirup, suchte, wenn man draussen sitzen konnte, zwischen den Leisten des Holzrosts nach Münzen und schnappte auf, was geredet wurde. Sie hoben total ab, alles wurde nochmals durchbesprochen. Die Beziehung zwischen meinem Vater und Johannes Fuchs war aber rein musikalischer Natur. Privat trafen sich die beiden Familien nicht.*

Johannes Fuchs in den besten Jahren.

Während Freund Carl Schuricht, 1950 siebzig Jahre alt geworden, sich von der schweren Krise nach seiner Flucht erholt hatte und bald wieder ein international gefragter Dirigent war, blieb Johannes Fuchs Leiter seiner Laienchöre in St. Gallen und Zürich. In Zeitungsartikeln jener Jahre wurde Fuchs als der gefeiert, der es verstand, die Musik als Zeichen des Friedens und der Versöhnung einzusetzen. In den 1950er-Jahren gab es etliche Radioübertragungen und Schallplatteneinspielungen.

Er ging seinen kirchenmusikalischen Verpflichtungen nach, den Weiterbildungskursen, weilte an kirchen- und chormusikalischen Kongressen, zu denen er eingeladen wurde. Weiterhin unterrichtete er am Konservatorium Zürich und war an der katholischen Knaben- und Mädchenrealschule Flade St. Gallen und auch an der Töchterschule der Stadt Zürich als Musiklehrer verpflichtet. Dorthin schrieb ihm Lutz Meurer von Infeld im August 1949 auf edelstem Schreibpapier mit Wasserzeichen und Briefkopf, lautend auf Patentanwalt und Diplom-Ingenieur, dass seine Tochter Brünhilde Hortense Carola Gertraude Meurer von Infeld[14], Klasse 1 e, von der Teilnahme am Chorgesang zu dispensieren sei. Ohne Angabe eines Grundes. Dem Antrag wurde, wie eine Handnotiz seitens der Schulleitung auf dem gleichen Brief bestätigt, stattgegeben.

Der *simple Kantor*, wie sich Johann Baptist Hilber in einer kurzen Notiz an Fuchs nannte, wurde im November 1950 von der Universität Fribourg zum Doktor honoris causa ernannt. Er liess dies seinen *Freund Reinecke* in St. Gallen wissen, bevor es die Öffentlichkeit erfahren durfte, und bat um Verschwiegenheit. Dreizehn Jahre später – zum sechzigsten Geburtsjahr von Fuchs – bildete sich in St. Gallen eine Gruppe von Getreuen, die sich als Kommission dafür einsetzte, dass Johannes Fuchs ebenfalls zum Doctor honoris causa der Universität Fribourg ernannt würde.

Die Geschichte entwickelte sich zur Farce, nachdem ein Exposé samt Gesuch und Empfehlungsschreiben unter anderen von Bischof Josephus Hasler, Carl Schuricht, Johann Baptist Hilber an den damaligen Dekan der philosophischen Fakultät, Enrico Castellani, nicht fristgerecht zum dies academicus eingereicht wurde. Mit der Bitte um ein Empfehlungsschreiben *in allerletzter Minute, das heisst, eine direkte Verbindungsaufnahme zwischen Ihnen, verehrter Herr Bundesrat, und dem massgebenden Dekan der Phil. Fakultät, Herrn Professor Dr. E. Castellani, welche sich wohl noch entscheidend nutzbringend erweisen könnte*, richtete sich die Kommission an Bundesrat Philipp Etter: *Vielleicht sind Sie mit uns der Überzeugung, dass der Jubilar durch seine liturgischen und konzertanten Aufführungen grosser geistlicher Werke zur Zeit wohl der repräsentativste katholische Kirchenmusiker der Schweiz und als Autorität auf dem Gebiete der Chorerziehung international anerkannt ist.*

Um der Dringlichkeit des Anliegens Nachdruck zu verleihen, scheute das Grüppchen auch nicht vor einem Bestechungsversuch zurück und stellte eine *Dankesabstattung an die Universität in Form einer finanziellen Zuwendung oder der Durchführung eines geistlichen Chorkonzertes* in Aussicht. Der Rektor der Universität Fribourg bedankte sich mit dem Hinweis, er könne höchstens im Sinne eines freundschaftlichen Ratschlages eingreifen, da die Entscheidung ausschliesslich bei der Philosophischen Fakultät liege. Ausserdem teilte er mit, dass bis anhin der Titel nur als Anerkennung für wissenschaftliche Arbeit verliehen worden sei, und er fügte hinzu: *Ich vermisse darum in Ihrer Eingabe ein Verzeichnis des Schrifttums (es können sehr wohl auch Kompositionen sein).*

Ein solches Verzeichnis konnte nicht nachgereicht werden, weil keines existierte: Johannes Fuchs hatte weder komponiert noch musikwissenschaftlich geforscht. Der Antrag wurde von der Fakultät denn auch abgelehnt, eine Wiedererwägung ausgeschlossen. Castellanis Antwort wurde seitens der Fuchs-Jünger mit der Hoffnung quittiert, *dass in diesem speziellen Falle auch ein nachgestaltender Künstler durch die Vollkommenheit seiner Leistungen auf allen Gebieten katholischer Kirchenmusik der verdienten Ehrung teilhaftig werden könnte.* Und unerschütterlich machten sie sich trotz des abschlägigen Bescheids an die zweite Eingabe, die diesmal rechtzeitig in Fribourg deponiert werden sollte. Es lagen ihr neben zahlreichen anderen auch Empfehlungen von Abt und Bürgermeister von Ottobeuren sowie von Abtprimas Benno Gut aus Rom bei. Die definitive Absage traf am 6. März 1964 bei Kommissionsmitglied und Schriftführer Walter Schönenberger ein. Er war der administrative Leiter der Diözesan-Kirchenmusikschule St. Gallen. Die Antwort aus Fribourg bestand aus zwei Sätzen und schloss mit den Worten, *dass die Fakultät diese Frage nicht mehr überprüfen wird.*

Der älteste Sohn Johannes Peter weilte seit Mai 1950 in Paris. Nach dem Schulabschluss begann er im Alter von 17 Jahren ein Oboe-Studium, nachdem er auf diesem Instrument bereits seit drei Jahren Unterricht gehabt hatte.

> **Es war ein Problem für die Eltern, als ich sagte, ich wolle Musiker werden. Sie fragten: ‹Aber was willst du machen? Pianist kannst du nicht werden, dafür hast du das Zeug nicht.› Vater meinte, ich könnte es vielleicht mit einem Blasinstrument versuchen, weil Blockflöte spielte ich gut.**
> Peter Fuchs

Für Peter Fuchs begann 1950 eine Phase der flammenden Begeisterung für die französische Hauptstadt, aber auch eine Zeit des Bangens, der Entbehrungen und der Niederlagen. Er schrieb seinen Eltern sehr häufig, erzählte in flüssiger Handschrift und erstaunlich wortgewandt von seinem Alltag. Er begann mit Oboe-Stunden bei Maître Bajeuse, der ihn auf die Aufnahmeprüfung ans Konservatorium vorbereiten sollte. Am 4. Juni 1950 schrieb er seinem Vater: *Maître Bajeuse hat mir letzten Freitag die Barret-Etüden gezeigt. Ich muss nun auch diese 40 Stücke durcharbeiten, so, dass ich nachher die Sonaten in diesem Heft ohne Stilfehler spielen kann. Ich habe das Gefühl, dass mein Ton automatisch besser wird. Weisst du, er verliert ein wenig das Blättchengeräusch. Es ist ungefähr das, wie bei der Flöte die Luft, habe ich das Gefühl. Man muss doch bei allen Instrumenten versuchen, den schlackenlosen, schlanken Ton ohne Nebengeräusche zu erhalten. Ich kann nun das hohe G schon fast so gut anstossen wie vorher das hohe F. Ich kann im Grovlez die eine Stelle mit Fis nehmen, wie sie steht. Den schnellen Satz von diesem Stück spiele ich in 104 für den Viertel, also 4 Sechzehntelnoten im Staccato auf 104 mit dem Metronom.*
Im gleichen Brief schilderte er seinen Besuch im Rodin-Museum: *Dieser Rodin, das war ein ganz grosser Künstler. Diese eindrücklichen Figuren, diese Kraft und dieser Wille, der darin lebt, das ist grossartig. Ich verstehe ja nicht viel von Malerei und Bildhauerei, aber dass das Kunst ist, muss dem dümmsten Menschen einleuchten. Auf den ersten Augenblick strömt einem die Kraft und der ungeheure Wille des Künstlers entgegen. Ich möchte diesen Rodin mit Beethoven vergleichen. Ich weiss nicht warum, aber ich habe das Gefühl, die drei Künstler, drei grosse Männer aus drei verschiedenen Künsten – Beethoven, Goethe und Rodin – sie ha-*

ben etwas gemeinsam: die übermenschliche Kraft und den ungeheuren Willen in ihrem Geist. Aber vielleicht ist das alles leeres Gefasel.

Am 10. Juli beschrieb er in einem mehrseitigen Brief seinen Besuch des *concert annuel* der Preisträger des Konservatoriums: Man hörte gestern vorwiegend Gesang. Ich ziehe jetzt mein Urteil, die Franzosen könnten nicht singen, schon zur Hälfte zurück. (...) Eine Frau sang «Soir» von Fauré und «Samson und Dalila» von Saint-Saëns. Und ein Herr sang eine Arie aus «Fürst Igor» von Borodin. Beides war vollendet schön. Aber der Gipfel von allem war ein 15-jähriger Violonist. Das war ein Wunderkind. Er spielte ein Stück für Violine allein von Bach und zwei bekannte Stücke mit Piano von Wieniawski. Jeder Ton war rein wie der andere; und ein erstaunlich grosser und schöner Ton. Ich kenne keinen Violonisten in St. Gallen, der besser spielt als er. Er ist ein Künstler. Minutiös listete er für die Eltern seine Ausgaben auf und schrieb öfter von seinen Gewissensbissen, weil er ihr Budget mit seinem Studium strapaziere. Im ersten Jahr brauchte er für Zimmermiete, Essen, Klaviermiete, Heizung und Elektrizität 16140 Franc pro Monat, das entsprach im Jahr 1950 circa 160 Franken. Dieses Geld schickte ihm der Vater in Raten. Der Sohn musste oft um das dringend benötigte Geld bitten. Oft fehlte es ihm an allem Nötigsten.

Auszug eines Briefes aus Paris von Peter Fuchs an seine Eltern.

Immer aber fügte er hinzu, dass er, sobald er einmal den ersten Preis gewänne, umgehend mitverdienen werde.

Am 3. Mai 1953, Peter Fuchs war gerade zwanzig Jahre alt, schrieb er seinen Eltern, dass es genau drei Jahre her seien, seit er nach Paris gezogen sei. *Ich glaube, es war die schwierigste Zeit, um vorwärtszukommen, weil man in dieser Zeit der Entwicklung viel Kraft verbraucht.* Die Oboe-Examen standen unmittelbar bevor. Am 11. Mai folgten Ernüchterung und Verdruss: *Es ist mir hinten und vorne nicht drum zu schreiben, denn wieder einmal mehr habe ich heute abgeschifft. Meine Karriere scheint sich eher zum Schiffen zu wenden als zum Oboisten, wenigstens muss das die Meinung der Jury sein, die sich wieder nicht bequemen konnte, mir mehr als 13,5 Punkte zu geben.*

Sein Vater beschwichtigte: *Was du schreibst, kann zwar auch mich nicht freuen, jedoch sehe ich alles nicht so schlimm an, wie es dir erscheinen mag. Beruhige dich, mein Lieber. Sieh, wir sind auf Erden Geführte; wir machen es nicht allein. Was also auf uns kommt, Gutes und Anderes, das wir nicht verstehen: Es kommt immer recht heraus. Vertrau' auf Gott und vertrau auch auf dich! Für irgendetwas sind diese Schwierigkeiten gut, ganz gewiss. Vielleicht sind sie es gerade, die dich stark und zäh werden lassen, die dich ganz und gar auf dich selbst stellen. Bleibe nur zuversichtlich, bewege 100mal deine Rechte, alle Muskeln ganz entspannend, und abends behandle stets mit «Frixol». Und – sei unverzagt! Ich muss auch alle Jahre ein paarmal durchs Examen und bin auch schon manchmal nicht heil davongekommen. Aber es geht danach jeweils doch wieder vorwärts. Arbeite unverdrossen, das ist das Wichtigste! Dein Vater.*

Doch Peter war weiterhin niedergeschlagen und deprimiert: *Muss ich denn immer unten durch? Vielleicht habe ich kein Talent und schätze mich viel zu hoch ein. (...) Nun bin ich eben mitten im Kern des Problems drin, eben dem Selbstvertrauen und dem selbstsicheren Auftreten. Und eben das, was der Jury Eindruck macht, das fehlt mir. Ich habe sicher recht und nicht schlechter als andere gespielt. Ich habe keine Fehler gemacht und ein leichtes Rohr gespielt. Aber ich muss lernen, besser zu wirken im Auftreten. Das sagen auch meine Freunde: Es ist wirklich der Bluff, der zählt. Ich garantiere, nächstes Jahr sollen diese Rollmöpse einen anderen sehen!*

Diesen «Rollmöpsen» wollte er es nach seiner Rückkehr nach St. Gallen à tout prix zeigen. Zwar wurde sein Vorwärtskommen durch eine Erkrankung der Lungendrüsen verzögert; Peter Fuchs musste für ein Jahr aussetzen, wurde von der Rekrutenschule befreit und flog zu Kur nach Ibiza, wo ihm eine Bekannte und Gesangsschülerin von Johannes Fuchs ein Zimmer in ihrem Haus zur Verfügung stellte. Noch vor seiner Abreise bewarb er sich beim St. Galler Sinfonieorchester erfolgreich um die frei gewordene Stelle als Solo-Oboist. Nach zwei Jahren in St. Gallen wechselt er zum Radio-Orchester, welches 1970 von Zürich nach Basel zügelte. Dort lebte und arbeitete er bis zur seiner Pension – neben einem langjährigen Unterrichtspensum am Konservatorium in Zürich. Er gewann zwei Preise, einen in München und einen in Genf, und gründete mit einigen Musikerkollegen das «Stalder-Bläserquintett». Im Jahr 1995 zog er mit seiner Familie zurück an den Zürichsee. Sein Sohn schloss im Jahr 1983 am Konservatorium Zürich das Studium bei seinem Vater ab und ist heute Solo-Oboist beim Tonhalle-Orchester Zürich.

Im März 1953 erzählte Johannes Fuchs seinem Sohn in einem Brief von den Proben in St. Gallen: *Ich habe es schonungslos streng. Auch morgen Sonntag. Die Huber-Messe macht grosse Fortschritte. Ich lasse gar keine Absenzen mehr durch; jede wird am Sonntag, teils nach der Kirche, teils abends 8 bis 10 Uhr nachgeholt. Dies half; nur habe ich daraufhin eine ganze Anzahl Leute auf der Dispensationsliste – solche, auf die man sonst nie verzichten wollte und mit Kompromissen stets alles nach ihnen richtete (Strässle, Zingg, Schildknecht, Gross, Furgler), aber die anderen sind nun dabei und siehe da, die Arbeit läuft! Aber es ist streng für mich, niederreissend streng. Du, mein lieber Peter, sei auch immer guten Mutes. Man hat es dir nicht leicht gemacht. Dein Vater gibt dir mehr Zeit. Du hast doch wohl eher meine Entwicklungslinie, die beginnt dort, wo sie bei anderen aufhört. Halte dich an diese Hoffnung. Deine gute Zeit kommt schon.*

Am 18. April des gleichen Jahres kam in der Kathedrale St. Gallen Paul Hubers Grosse Messe in c-Moll für Soli, Chor, Orgel und Orchester zur Uraufführung.

Johannes Fuchs, der schnurrige Abweichler, jonglierte nicht nur mit seinem Himmelspförtchen-Geheimnis, sondern auch mit seinen Finanzen. Die zusätzliche Miete für die Wohnung in Zürich, welche er weiterhin für sich beanspruchte, sowie die Zusatzausgaben für den in Paris studierenden Sohn brachten den Chorleiter arg ins Schlingern. Seine Lebensversicherungsprämien bezahlte er so lange nicht mehr ein, bis die Schweizerische Versicherungs-Gesellschaft ihm mitteilte, die Versicherung sei aufgehoben und die Restsumme mit den Ausständen verrechnet worden.

Auch Teppichhändlerin Sascha Baldin sass ihm mit überfälligen Zahlungen im Nacken. *Ich bin sehr erstaunt, enttäuscht und auch traurig!*

> **Sascha war eine Rumänin, eine halbe Zigeunerin. Sie legte Karten und las den Leuten aus der Hand, handelte beruflich mit alten Möbeln und Teppichen. Ihr Mann war Bildhauer. Erfolglos, allerdings. Sie wohnten beim Kreuzplatz, ganz nahe bei uns, als wir noch die Wohnung am Zeltweg hatten. Sascha verkaufte meinem Vater mehrmals wertvolle Teppiche zu günstigen Preisen. Baldins hatten eine Tochter. Alexandra. Sie wollte Tänzerin werden. Deshalb zog Sascha mit ihr nach Paris. Dort traf ich sie während meines Studiums fast wöchentlich.**
> Peter Fuchs

> **Vater hatte oft kein Geld in der Tasche. Als ich selber welches verdiente, bat er manchmal mich um etwas. Dann teilten wir. Wenn es nicht um die Musik und um die Liebe zu seinen Kindern ging, war er ein wahnsinnig schweigsamer Mensch. Er sprach sich nie aus in der Familie, das hat ihn wahrscheinlich geplagt bis ans Ende.**
> Marianne Fuchs

Die Auftritte mit dem Kammerchor Zürich mochten zwar Anerkennung und Ruhm bringen, doch unter dem Strich blieb meistens ein Defizit, welches Johannes Fuchs vermutlich meistens aus eigener Tasche decken musste. Immer wieder versuchte er, Bundesrat Philipp Etter zu den Aufführungen einzuladen. Etter schrieb oft persönlich zurück, meistens mit der Entschuldigung und dem Bedauern, der Einladung nicht Folge leisten zu können. Immerhin kam etwas in Gang, als der Kammerchor Zürich mit dem Tonhalle-Orchester und dem Domchor St. Gallen 1953 im Rahmen des Internationalen Konzerttages zum ersten Mal in Ottobeuren und München gastierte: Die Pro Helvetia, von Bundesrat Philipp Etter 1939 als Arbeitsgemeinschaft gegründet, um die *geistige Unabhängigkeit der Kultur in der Schweiz angesichts der Bedrohung durch das nationalsozialistische Deutschland und dessen faschistische Propaganda zu bewahren,* erklärte sich bereit, einen Teil der Kosten mitzutragen.

« **Einmal, ich glaube, es war während der Musikwoche in Braunwald, war Bundesrat Etter dort. Und Vater hat mit ihm geredet. Wir sassen am selben Tisch. Und Vater begann dann, über Ottobeuren zu sprechen. Es brauchte einen Bezug von der Schweiz nach Deutschland. Und Etter war der Mensch, der diesen Bezug herstellen konnte.** »
Peter Fuchs

Dass Peter Fuchs sich richtig erinnert, beweist ein Schreiben von inzwischen alt Bundesrat Etter an Johannes Fuchs aus dem Jahr 1966. Er teilte ihm mit, dass er in die Ehrenlegion der Männer mit besonderen Verdiensten um das Zustandekommen der deutschschweizerischen Begegnung in Ottobeuren aufgenommen worden sei: *Ich weiss sehr wohl, wem ich diese Ehrung zu verdanken habe. Jene Abendstunde in Braunwald war in der Tat eine fruchtbare und segensreiche. Ohne Ihren Einsatz aber wäre sie auf totes Erdreich gefallen.*

Die voll besetzte Kathedrale von Ottobeuren anlässlich des Internationalen Konzerttages 1953.

Heimliche Liebschaft

Und in jener Zeit der 1950er-Jahre in St. Gallen, als im Kino Capitol die musikalische Komödie «Geliebter Lügner» zu sehen war; die Bentele-Schule einen Jugend-Tanzkurs ausschrieb, in welchem *«elegantes, modernes Tanzen und Sicherheit in den gesellschaftlichen Umgangsformen»* vermittelt werden sollten; Milka für ein neues Produkt in Form von streichfähigem Käse in verschiedenen Geschmacksrichtungen warb; die Metzgerei Gemperli in St. Gallen per Inserat *hiesige pfannenfertige Poulets* anpries; die Schweizer Eishockey-Nationalmannschaft 8 zu 5 gegen Schweden verlor; Josef Heinrich Dietrich aus Kirchberg schrieb, *Huber Päuli* habe sich in Wil einen Schatz erobert und zeige sich seither kaum noch bei ihm; Peter Fuchs aus Paris berichtete, er übe jeden Tag sieben Stunden, weshalb jemand im Haus sich bei der Vermieterin Mademoiselle Darizon beschwert habe; Sascha Baldin die Schulden für gelieferte Teppiche erneut einzutreiben versuchte; die St. Galler Bauverwaltung die Stadtbewohner aufforderte, keine heisse Asche zur Abfuhr bereitzustellen, da grosse Gefahr bestehe, dass der ganze Inhalt im Abfuhrwagen in Brand gerate. In jener Zeit, als Siegfried Hildenbrand jubilierte, weil er die ersehnte Stelle in St. Gallen endlich bekommen hatte; als Peter Fuchs seinem Vater gratulierte zum gelungenen Bruckner-Konzert und hoffte, dass den Schweizer Bürgern und hauptsächlich auch den *St.Galler Füdlibürger-Domchörlern endlich die Augen aufgehen*; das Steueramt Fuchs benachrichtigte, er befinde sich mit der Erfüllung der gesetzlichen Steuerpflicht stark im Rückstand; Hermann Klaeger mahnte, es gehe im Kammerchor Zürich *um Sein- oder Nichtsein*; das Pianohaus Jecklin in Zürich mitteilte, das Fräulein Heuberger habe bezüglich des erworbenen Bechsteinklaviers alles geregelt, das Fräulein Heuberger erhalte ein erstklassiges Instrument. Man bedanke sich höflich bei Fuchs, dass er ihr Pianohaus dem Fräulein empfohlen habe und weise freudig hin auf die ihm zustehende Provision von 126 Franken. In dieser Zeit also gingen das Fräulein Heuberger und Johannes Fuchs über den steinigen Pfad ihrer längst nicht mehr ganz verborgenen Liebesbeziehung.

Im Jahr 1950 schrieb Idda Heuberger in ein grünes Lederbändchen mit goldgeränderten Seiten: *Ich begreife manchmal nicht, wie dich eine andere liebhaben kann, liebhaben darf, da ich dich so ganz allein, so innig, so voll liebe, nichts anderes kenne, noch weiss, noch habe, als dich! Du.* Wenige Tage später folgte der Eintrag: *Ich Unglückliche, bin ich nicht eine Torin? Betrüge ich mich nicht selbst? O dürft' ich doch deinen Namen hier in meinem Schmerze schreiben. Drei Silben nur, die meinem Herzen Balsam. Muss ich, um dir zu rufen, immer stumm sein, wo doch mein Herz aufschreit, die Arme flehend zu den Sternen erhoben – ewig einsam, reich und doch so unsagbar arm! Du!*

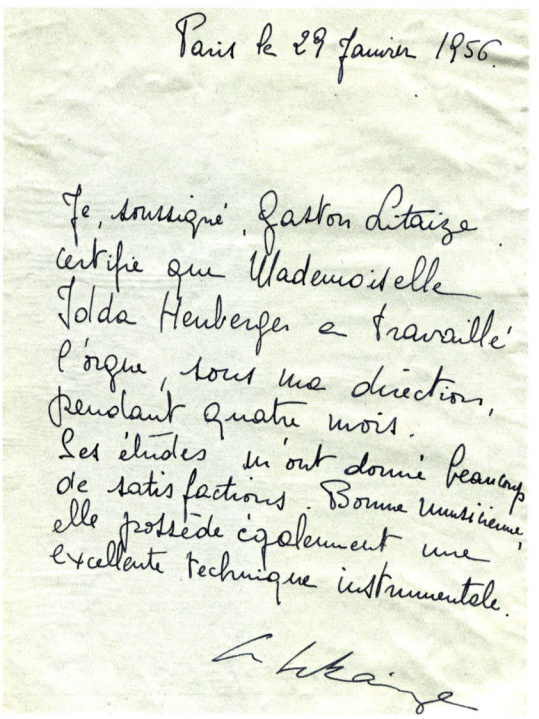

Die handgeschriebene Bestätigung von Gaston Litaize.

Einen Monat später fragte sie sich, ob sie die Kraft haben werde, diese Qualen auszuhalten: *Was wird am Ende dieser schmerzlichen Zeit stehen? Was ist mir Musik, ohne die Nähe seines Körpers, der mitschwingt?*

Idda Heuberger studierte Rhythmik am Genfer Jacques Dalcroze-Institut; sie nahm in Paris Stunden beim später weltberühmten, blinden Organisten Gaston Litaize.

Das Geld für ihr Orgelstudium, welches sie 1955 an der Musikakademie in Zürich mit dem Konzertdiplom abschloss, verdiente Idda Heuberger am Kantonsspital St. Gallen. Nach vierzehn Jahren Tätigkeit – sieben Jahre als Sekretärin, sieben Jahre beim Blutspendedienst – wurde ihr gekündigt. Die Orgeldienste als zweite Organistin im Dom und der Unterricht, den sie erteilte, konnten die Lohnausfälle etwas abfedern. Nur ein Jahr nach der Kündigung *zwingen die Verhältnisse* auch die katholische Kirchenpflege Winterthur, die Tätigkeit der Organistin Idda Heuberger an der Pfarrkirche St. Peter und Paul aufzukündigen; man bedankte sich für *Ihren gewissenhaften Einsatz.*

Karte von Ursula an ihren Vater.

Notiz von Idda Heuberger an ihren Geliebten.

Nach dem Auszug bei den Eltern im Klosterhof wohnte Idda Heuberger kurze Zeit in St. Georgen, bevor sie an die Zeughausgasse zog, direkt an der Klostermauer in St. Gallen gelegen. Hier erteilte Idda Heuberger im Parterre Klavier- und Blockflötenunterricht; im Zimmer im ersten Stock des Häuschens stand ihre Hausorgel für den Orgelunterricht. Der Ort an der Zeughausgasse wurde zum Treffpunkt für Musikerkollegen und Freundinnen und – er wurde zu einem Liebesnest. Johannes Fuchs kam und ging, der Schlüssel wurde hinterlegt: *Vergiss nicht, den Schlüssel wieder in den Briefkasten zu legen, auf bald! bald?*, hiess es auf einer von unzähligen kurzen Notizen, die sie sich gegenseitig schrieben.

War Johannes Fuchs auf einer Konzertreise oder konnte aus familiären Gründen nicht vorbeikommen, litt Idda Heuberger Höllenqualen: *Er kam, nach einer langen, langen Woche des Wartens. Wie viel einfacher wäre es, ohne glutvolles Herz, das dem Verstande entgegen, der das Wegbleiben begreift, sich sehnt, quält, leidet. Es glüht nur für ihn, dessen Körper nicht mein sein darf. Du! Viel, viel Kraft braucht dieses Wissen! Wie fest schloss er mich in die Arme, wie heiss brannten seine Küsse mir auf Mund und Stirne, als wollte er meinen Schmerz versengen. Ich hörte sein wildes Herz, sein wildes Blut. Gott, er darf ja nicht mir gehören.*

Johannes Fuchs nährte seinerseits die Glut. Er schrieb Karten an Idda Heuberger, wo immer er sich, meist auf Konzertreisen, gerade aufhielt: aus Wien, Salzburg, Berlin, Köln, Ottobeuren, Nürnberg, Wiesbaden, München, Ascona, Appenzell. Waren sie vertraulichen Inhalts, steckte er sie in einen Briefumschlag; unverfängliche Grüsse richtete er auf Ansichtskarten an *Liebes Fräulein Heuberger* und unterschrieb mit *Ihr Johannes Fuchs*. Auch er schien bisweilen zerrissen und ratlos: *Liebe Idda, ich bin müde vom ganzen Leben mit seinen tausend Sorgen und Ungelöstheiten. Idda, bald komme ich zurück und will alles Schwere ungeklagt weitertragen. Gott stehe uns bei! Dein Johannes!*

Im Herbst des Jahres 1955 reiste Idda Heuberger für einige Monate nach Paris. St. Gallen war weit weg, Telefonieren fast unerschwinglich und das Schreiben an ihren *J.F.* nicht ohne Fallstricke. Zum Glück gab es in Zürich die Freundin Hilde W.[15], die nicht nur Iddas Geheimnis teilte, sondern auch ihren Schmerz: Auch sie pflegte seit fünf Jahren eine Beziehung zu einem verheirateten Mann, sie litt, kämpfte mit sich und der aussichtslosen Lage. Die beiden Frauen tauschten sich oft und ausführlich aus. Hilde schrieb Idda frisch von der Leber weg. Sie erzählte von ihren Bergtouren und

Zettelchen, welche Johannes Fuchs und Idda Heuberger einander schrieben. Von Idda sorgfältig aufbewahrt.

ihrer Kletterei, von ihrer Arbeit im Familienbetrieb, und davon, dass ihr Vater keinesfalls einige Tage Zusatzurlaub gewähren würde, um sie in Paris besuchen zu können.

Ihrer vierzehn Jahre jüngeren Freundin Idda schilderte sie, die eine Scheidung hinter sich und, wie aus ihren Briefen hervorgeht, während der Schwangerschaft ein Kind verloren hatte, auch ihre Ausstellungs- und Konzertbesuche: *Am meisten Eindruck hat mir der Bartok gemacht, Divertimento für Streichorchester. Unnachahmlich gespielt, noch nie hörte ich einen solchen Modernen, der mich so erfasst hätte. Jetzt begriff ich, warum Bartok in Musikerkreisen so viel gilt. Auch von Dukas «Der Zauberlehrling» war meisterhaft gespielt. Aber stell dir vor, A. war dort mit seiner Frau. Was das wieder für mich war! Ich kam mir wieder einmal ausgestossen vor. Ich brauch's dir ja gar nicht zu erzählen, nur zu gut kannst du die Stimmung nachfühlen.*

Hilde antwortete Idda auf deren Fragen, sorgte sich um ihr Wohlergehen, ärgerte sich mit ihr, dass sich lange weder ein gutes und preiswertes Zimmer noch eine Orgel zum Üben finden liess. Doch der grösste Teil der Briefe war intimen Inhalts. Hilde schilderte Idda ausführlich ihre heimlichen Treffen mit A. in ihrer Wohnung. Sie haderte mit sich, wenn A. wegen einer Familienangelegenheit nicht wie versprochen zu ihr kam, und sie hatte grosses Verständnis für ihre *Schwester im Herzen*, die ihrerseits zu leiden hatte. *Ich verstehe dich so gut, Iddi, und ich denke so viel an dich und deinen J. Du bist ihm Trost und Stütze und weisst, dass er ganz auf deine Liebe angewiesen ist. Aber es ist eine schwere Stellung, die du einnimmst, eine schwere, entsagungsvolle Aufgabe. Und vielleicht nimmt Gott unsere Tränen auch ein wenig als Busse an für das Gebot, das wir nicht halten. Der Beichtvater sagte mir, es sei ein Trost, dass die Menschen nur nach dem äusseren Anschein urteilten, der Herrgott allein aber in unser Herz sehe. Während der Missionswoche wollte ich allein sein, weil ich hoffte, Klarheit zu bekommen. Was ich weiss, ist nur, dass ich tief in der Sünde bin und dass der Ehebruch das Schlimmste ist, die Auflehnung gegen das ausdrückliche Gebot Gottes. Wenn es auch in unserem Falle menschlich verständlich ist, so ist es eben doch genau die gleiche grosse Ablehnung von Gottes Forderung.*

Doch schon im nächsten Brief revidiert Hilde ihre Aussage, *denn: Weisst du, es ist eben doch ein wenig anders bei dir und J. F. Du weisst genau, dass er nur dich hat. Du bist ihm alles. Verzweifle nicht, liebes Iddi, wenn er dir nicht gerade schreibt, du weisst doch sicher, dass er mit dem Herzen bei dir ist. Er ist ja bei dir richtig daheim. Das glaub' ich gern, dass du plangst auf seine Briefe. Wenn man ständig so gehetzt ist von einem Ort zum andern wie J. F., dann muss man schon etwas nachsichtig sein.*

Idda Heuberger musste noch sehr lange Nachsicht üben. Von einem Aufenthalt im Tessin schrieb er seiner Frau und Idda Briefe mit praktisch identischem Inhalt – ausser dass er bei seiner Geliebten noch hinzufügte, *dein hungriges Herzchen lechzt bestimmt nach liebenden Worten, und mit den blühenden Kamelien würde ich gerne dein Zimmer – unser Zimmer – zieren.*

Zu Hause eilte er mit wehendem Haarkranz von Messe zu Konzerten und von Konzerten zum Unterricht, feierte silberne Hochzeit mit Maria.

Die Katholische Administration teilte ihm am 19. Juni 1957 mit, dass ihm für sein Mitwirken bei der Bischofsweihe eine Gratifikation von 200 Franken ausgerichtet und man ihm diesen Betrag zusammen mit dem Honorar in der Höhe von 70 Franken, *welches Ihnen zufolge Übertragung der Feierlichkeiten durch den Fernsehdienst zusteht*, übersenden werde. Das Geld reichte gerade, um den ersten Monatszins für das Zimmer zu bezahlen, das Fuchs als Untermieter anstelle der gekündigten Wohnung in Zürich übernommen hatte.

Peter Fuchs war inzwischen aus Paris zurückgekehrt, weilte erst in München und stellte dort in einem Brief an die Mutter fest, sie habe nun doch vergessen, die Pyjamahosen, *die blauen, seidenen*, zu flicken und einzupacken. Von seinem anschliessenden Kuraufenthalt auf Ibiza äusserte er sich begeistert über die Landschaft, nicht aber über die Inselbevölkerung. Sie seien den Fremden gegenüber nicht so gewogen und würden den Fortschritt nicht gerne sehen. Es gebe sehr viele Analphabeten: *Vor etwa zwanzig Jahren scheinen sie noch ganz wild gewesen zu sein. Mit der Zeit werden sie sich durch ihre Dummheit und ihr Sträuben gegen das Neue immer mehr von den Fremden verdrängen lassen.*

Ein unverhofftes Enkelkind

In den darauf folgenden Jahren hielt sich Peter Fuchs wiederholt in Ibiza auf, nunmehr in einer kleinen Pension und etliche Male in Begleitung seines Vaters. Dieser schrieb wie sein Sohn ausführlich und überaus bildhaft an die zu Hause Gebliebenen:

Liebe Frau, liebe Mutter, es geht uns beiden gut, und wir kamen sehr gut und gar nicht wesentlich müde hier an. Als wir ankamen in Ibiza, war es früher Abend – doch ich muss nachholen. Als wir uns der Insel näherten, war es ein märchenhaft schönes Bild, sie von der Höhe aus zu überblicken – die Felsen, die leichten grünen Wälder, die weiteren Feldflächen in ihren wunderbaren Erdfarben von Orange ins Rotbraune und Braune wechselnd, die lichtgrünen Bestände der Maisparzellen und das dunklere Grün der Kleefelder. Und dieses wunderbare Land umflossen vom blauen und grünen Meer – der Übergang vom Wasser zu dem meist felsigen Beginn des Landes verstärkt durch den Silberschaum des brandenden Wassers. Das alles sieht man so klar und sieht noch lange keinen Menschen – aber deren weissgetünchte Häuser sieht man bald – ja, fast zuerst aus dem unglaublichen Gemisch von Grün und Blau heraufblinken; jedes ein Palast, jedes eine ideale Szenerie für eine lieblich-dramatisch-idyllische Mozart-Oper. Und schon setzt man in der Nähe der Salinen auf und steigt aus – von der milchigen Abendsonne umflossen, und steht im frischen Wind – es ist nicht kalt und es ist nicht warm, man fröstelt ein wenig, wenn man so dasteht und auf das Gepäck wartet, bis es ausgeladen wird – langsam und umständlich; es ist, wie wenn man ein leichtes, morgen wieder verschwindendes Fieber zu überwinden hätte.

Auf diesen poetischen Einstieg folgen dann eine Tirade von Vorwürfen und die Aufforderung, dringend anstehende Aufgaben zu erledigen: *Weiter war nicht eingepackt ein grosses Badetuch, wie wir mindestens zwei schöne haben, mit denen Marianne und Peter oder Ursula jeweils ins Bad Rotmonten gehen. Es fehlt der Plastik-Wäschesack, den ich im Tessin, extra um die schmutzige Wäsche abgeschlossen aufzubewahren, gekauft hatte. Haben muss ich folgendes: die Briefe, die ich vor geraumer Zeit der Firma Bischoff und Herrn Eversteyn sandte mit der Aufstellung meiner Vorhaben; es ist so: Die Patronats- und Konzertmitglieder des Kammerchores müssen jetzt von der Beteiligung am Domkonzert erfahren und hierzu ein Schreiben mit einem Werbezirkular erhalten. Zweitens müssen sie auf die im Dezember beginnende Konzertreihe des Kammerchores aufmerksam gemacht werden. Bald zwei Jahre haben wir nicht mehr selbständig konzertiert, das muss ich in einem Schreiben begründen – die Mitgliederbeiträge gingen deswegen auch nicht mehr ein. Ich muss in diesem Zirkularschreiben deren Nachbezahlung erbitten. Das Schreiben – ich kann es teilweise als Grundlage für das Zirkular verwenden – liegt in meiner Korrespondenz-Sammelmappe mit Bleistift deutlich und gross «Kammerchor Zürich» angeschrieben. Die Mappe ist grün und liegt auf dem Flügel rechts gleich neben Maxens Kopf über oder unter der Bruckner e-Moll-Messepartitur. Sende mir dies bald als Flugpost. Dann will ich das Zirkular aufsetzen – das Konzept an Hauser und Widmer senden, damit es in einem Vervielfältigungsbüro hergestellt werde. Es ist mitunter Abend geworden – die Sonne untergegangen und ich verpasse heute zum zweiten Mal, an den Strand zu gehen. Aber seid beide herzlich gegrüsst.* (9. August 1958)

Am 17. August folgt der nächste Brief: *Meine liebe Frau, liebe Ursula, jetzt ist schon viel zusammengekommen und ich habe Mühe, eins ums andere zu beschreiben.* Es folgt ein siebenseitiger, entspannt klingender Brief mit zahlreichen Schilderungen des Alltags an der *Playa*, der Dampfer, die Touristen auf die Insel bringen, der Quallen, die er gefangen hat, schliesslich die Beschreibung eines *lieblichen kleinen Tigerlis – langbeinig und ungemein grazil – mit kleinem Köpfchen und langen Öhrchen. Wie mag es euch gehen? Schreibt doch! Habe ich etwa mit dem Zimmerstreichen etwas Falsches gesagt, bist du etwa durch meine Bemerkung erst recht darauf gestossen worden? Hände in den Schoss legen – lange* schlafen und mittags auch wieder lange schlafen, das ist jetzt das Pendant zu unserem Treiben! Das Zirkular habe ich noch nicht zustande gebracht. Es läuft mir nicht. Mit der Partitur geht es mir besser. Ich lese jeden Tag darin, aber es ist so viel, dass ich eigentlich nicht recht weiss, ob ich vorwärts gekommen bin. War Hildenbrand auf Mariae Himmelfahrt zurück? Nimmt mich wunder, ob er in seinem verlängerten Aufenthalt in Süddeutschland alle seine dortigen Möglichkeiten abgetastet hat. Ich will nicht denken, er sei so unklug, seine bisherigen Möglichkeiten gegen jene zu vertauschen, die ihn künstlerisch zu einer völlig lokalen Figur degradieren. Selbst bei grösster Anstrengung würde er bald kaum mehr beachtet werden. Und das hat er doch eigentlich gar nicht gern, wenn er unbeachtet bleibt.

Das Haus auf Ibiza, in welchem Johannes und Peter Fuchs ihre Ferien verbrachten.

Ursula, das jüngste der drei Fuchsenkinder, war zu diesem Zeitpunkt neunzehn Jahre alt und arbeitete als Sekretärin in der St. Galler Stiftsbibliothek. Auch sie hatte nach Beendigung der obligatorischen Schulzeit Ambitionen, einen künstlerischen Beruf zu ergreifen. Ursula Fuchs wollte Schauspielerin werden, Vater Fuchs wollte keinem seiner Kinder Hindernisse in den Weg legen. Trotz seiner Bedenken, das Mädchen könnte für diesen frühen Einstieg zu jung sein, hatte er seine Tochter nach der obligatorischen Schulzeit auf ihr Drängen hin im Bühnenstudio Zürich angemeldet, wo die Jugendliche bereits nach den ersten Lektionen spürte, dass sie heillos überfordert war. Die meisten der Mitstudierenden waren älter und erfahrener als sie.

» **Ich war wie Marianne im Ballettunterricht während der Schulzeit. Der Beruf der Schauspielerin gefiel mir dann aber doch noch viel besser. Man sagte immer, ich sei talentiert. Also ging ich zum Vater und sagte ihm, dass ich gerne Schauspielerin werden möchte. Und ich sehe es vor mir, als ob es gestern gewesen wäre: Er sass da und sagte: ‹Schau, ich stehe dir vor nichts, aber du bist noch so jung. Du solltest etwas reifen. Denn für einen solchen Beruf muss man eine gewisse Reife haben.› Ich konnte ihn dann doch überzeugen, er war so gütig, meldete mich an, und eines Tages stieg ich dann mit grossen Ängsten in den Zug nach Zürich. Vom ersten Tag an merkte ich, wie verloren ich war, ich musste einsehen, dass Vater Recht gehabt hatte.** »
Ursula C.-Fuchs

Nach dem Debakel mit der Schauspielschule – sie hatte ihren Vater in einem ausführlichen Brief angefleht, sie in der Schule wieder abzumelden – absolvierte Ursula Fuchs eine Handelsschule, arbeitete danach in verschiedenen Firmen im Sekretariat und fand schliesslich eine Stelle in der Stiftsbibliothek, wo ihr allerdings nach Bekanntwerden ihrer Schwangerschaft gekündigt wurde. Nach Ibiza schrieb sie ihrem Vater, sie müsse mit dem Fräulein Stark zusammen arbeiten, und zum ersten Mal habe sie eine zwanzigminütige Führung selbständig durchführen dürfen, das Herz sei ihr vor Angst beinahe stillgestanden. Der Vater antwortete, für die Führung habe sie von ihm einen Sonderpreis zugute: *nicht Zigaretten, das will ich nicht als Preis ausschenken, das ist Gift – aber Coca Cola vielleicht, oder Orangina, oder Kaffee oder Schokolade – irgendetwas, im Neubädli oder im Seeger oder in der Leimat.*

Maria liess in jenem Sommer 1958 den in Ibiza weilenden Ehemann wissen, dass *einige Damen vom Alt und ein weiteres Grüppchen vom Sopran zusammen proben und gegen Bezahlung das Fräulein Heuberger bitten wollen, sie am Klavier zu begleiten.* Sie sei zu Hause mit der Arbeit noch nicht so weit, wie sie gerne möchte: *Kleider genäht für Marianne und Ursula, sie haben es beide wirklich nötig.* Den Blumen gebe sie zweimal täglich Wasser.

Marianne (links) und ihre Schwester Ursula Fuchs.

Die 19-jährige Ursula ging mit K. aus. Auch das teilte sie ihrem Vater in jenem Sommer in einem Brief mit: *Du kannst beruhigt sein, ich werde nicht zu spät nach Hause kommen. Bis jetzt – und das kannst du dann Mutter fragen – habe ich deine Abwesenheit noch nie benützt, um sehr spät nach Hause zu kommen. K. ist auch immer etwas müde vom Militär und hat Schlaf nötig.*
Im Sommer 1959 – Johannes und Peter Fuchs hielten sich erneut auf Ibiza auf – war Ursulas Schwangerschaft weit fortgeschritten. Briefe des Trostes und des Verständnisses für Ursulas Lage trafen vor und nach der Niederkunft im Hause Fuchs ein. Freund Oscar Spörri schrieb vom *Schweren,* das Ursula betreffe, wisse er so viel, wie er, Johannes, ihm einmal am Telefon geschildert habe, sonst

hätte nie ein Mensch eine Andeutung gemacht. Im Übrigen sei das etwas, was er als Arzt beinahe täglich erfahren müsse. Er hege *allen Respekt und die grösste Hochachtung* vor seiner Tochter. Dass die *lieben Mitchristen bei der Stiftsbibliothek versagt haben, ist eine Tatsache, die man immer und immer erfährt.*

Monate vor Ursulas Niederkunft war mit Johannes Fuchs über die Neuorganisation der Gesangs- und Musikstunden sowie über die Unterrichtsqualität an der Katholischen Mädchenrealschule verhandelt worden. Diese Gespräche hatten den Abgang des Musiklehrers Fuchs zur Folge. Die Katholische Administration dementierte die Vermutung von Marianne Fuchs, die Kündigung sei ein Vorwand gewesen: Ein Lehrer an einer Katholischen Mädchenschule, dessen Tochter unehelich ein Kind geboren hatte, sei nicht geduldet worden.

Noch während der Ferienabwesenheit von Vater und Bruder gebar Ursula ihren Sohn. Marianne berichtete umgehend: *Lieber Vater, lieber Peter, seit heute haben wir einen kleinen Daniel. Heute Morgen hatte Ursi ein wenig Schmerzen, dann setzten bald die Wehen ein. Um 12 Uhr kam der Arzt, und ich fuhr mit Ursi ins Spital. Um 15.40 begannen die Presswehen. Doktor Geissler kam um 15.50 Uhr; ich wollte aus dem Zimmer gehen, aber er sagte mir, ich solle ruhig bleiben und helfen. Die letzten Minuten hielt ich ihren Kopf und half so ein wenig mit. Um 16 Uhr war das Kind da. Auf einmal ging alles ganz schnell. Man sah den Kopf des Kindes ganz, und schon war es auch da und schrie ganz laut. Der Doktor sagte, es sei ein gesunder Bub, und da hat Ursi mich glücklich angesehen. Daniel ist 49 Zentimeter lang und 3,250 Kilo schwer, hat schwarzes Haar und blaue Augen. Ich wartete dann noch, bis das Kindlein gewaschen war, und dann telefonierte ich Mutter nach Hause, es sei alles vorbei. Ursi war sehr tapfer während der ganzen Zeit. Sie war froh, dass ich da war und bat mich immer wieder, nicht wegzugehen. Unser Bub ist gesund und munter. Als Ursi von der Schwester gefragt wurde, welchen Namen sie angeben solle, war Ursi plötzlich traurig: «K. darf ich es nicht taufen, also heisst es Daniel», sagte sie dann. Als zweiten Namen haben wir Johannes angegeben. Herzliche Grüsse, eure Marianne.*

Meine Lieben, ja, nun ist alles gut vorbei. Ursi und dem Kleinen geht es gut. Sie sind ausgezeichnet aufgehoben. Doktor Geissler will heute Abend die beiden heimbringen. Ursi freut sich riesig, nach Hause zu kommen, und am Kleinen hat sie grosse Freude. Es geht ihr soweit wirklich gut. J's haben wir telefonisch Bericht gegeben. Sie war am Telefon, war überrascht, dass es schon vorbei war und enttäuscht, dass Ursi im Notkerianum ist. Ihr Mann wäre auf dem Amt gewesen wegen der Blutprobe, ja, sie wolle es ihm sagen. Seither haben wir nichts mehr gehört von ihnen. Ursi hat von K. überhaupt kein Lebenszeichen erhalten. Es hat sie schon deprimiert. Der kleine Daniel ist ganz schwarz und nett. Doktor Geissler meinte, sie habe zu Hause gewiss gute Pflege. Marianne ist ja auch da, sie hat sich grossartig gehalten. Herzliche Grüsse von uns allen, Mutter.

Zehn Tage später schrieb Maria nach Ibiza, dass die junge Mutter sich mit viel Liebe und Gewissenhaftigkeit um ihren kleinen Daniel kümmere. Sehr viele Besuche seien gekommen und hätten Geschenke für Daniel mitgebracht. Es sei eine ganz neue Situation im Haus, an die sie sich erst noch gewöhnen müsse, sie sei halt auch nicht mehr jung für so ein kleines Geschöpf. Doch sie wolle nicht zu weit vorausdenken, sondern jeden Tag so nehmen, wie er eben komme. Ursi freue sich sehr, bis sie beiden aus den Ferien zurück sein würden. Sie klammere sich ganz an ihren Vater: *Du bist ihr grösster Halt, und das ist gut so.* In St. Gallen sei es schon herbstlich kühl und nass, doch die Geranien blühten in grosser Pracht.

Wenige Tage später traf ein Antwortschreiben aus Ibiza ein. Johannes Fuchs bedankte sich für die Briefe und schrieb: *Nun ist unser kleiner Daniel also schon zu Hause! Was wird das Büsi gestaunt haben. Sagt nach Aussen nichts Nachteiliges über die J's; einfach nichts sagen ist das Sicherste; ermahnet einander gegenseitig zum Nichtsagen. Wir müssen schweigsam sein, sonst bekommen wir es bald mit ihnen zu tun. Die Seite hat Geld, und man kann so viel ausrichten mit Geld. Wenn ich zurück bin, werde ich wieder eingreifen – in so vieles, was mich nicht freut. Zwar rede ich mir ein, mir nicht zu viele Sorgen um das Zukünftige zu machen sei einfacher, als zu weit voraus zu denken. Aber ich vermag nicht, dem Gemüt das Streifen zu verwehren.*

Sehr geehrter Herr Direktor, dieses Jahr muss die Sonne ein doppeltes Wunder wirken. Ich weiss, wie schwer alles für Sie war, auch was Ursi anbetrifft. Trotz der Schwierigkeiten, die noch kommen werden, bin ich überzeugt, dass das Schwerste für Sie alle überwunden ist, weil jetzt dann das Dasein allein dieses

Ursula Fuchs mit dem
neugeborenen Daniel Fuchs.

Kindleins über Vieles hinweghelfen wird. Ich habe den kleinen Daniel Johannes besucht. Ohne Übertreibung ist es das allerherzigste Kleinkind, das ich je gesehen habe. Auch auf Ursi liegt ein richtiges Glücksgefühl, wenn sie Daniel anschaut und von ihm spricht. Ganz spezieller Segen wird auf ihm ruhen, und es wird ihn auf Sie alle ausstrahlen. Wie oft haben Sie Ihre ganze Seele geöffnet beim Interpretieren und Musizieren des «Et incarnatus est». All dies ist irgendwo registriert. Wie stolz wird der Kleine auf Sie sein. Viele Grüsse, Ihre E. (4. August 1959)

Der Chef in der Klubschule St. Gallen, wo Ursula Fuchs nach ihrer Entlassung in der Stiftbibliothek eine Stelle fand, habe zu ihr gesagt: *Füchsli, du bist begabt* und ihr den Aufbau und die Führung des Sekretariats einer neu zu gründenden Filiale in Chur angeboten. Sie habe das Angebot angenommen, sei ins Bündnerland gezogen und habe ihren kleinen Sohn schweren Herzens in der Obhut von ihren Eltern und ihrer Schwester gelassen. Die neue Aufgabe sei beglückend gewesen, und sie habe das erste Mal eine eigene Wohnung beziehen können. Vieles habe sie einfach verdrängt. Ihre Schwester habe sich immer um alles gekümmert und ihr alle Entscheidungen abgenommen. Die Frage, ob sie Daniel alleine grossziehen wolle, sei gar nie im Raum gestanden. In St. Gallen sei alles so kompliziert gewesen, der Vater habe wegen ihres unehelichen

Ursula C.- Fuchs, im Hintergrund ein Porträt ihrer Mutter, gemalt von Franz Rederer. Ursula C.- Fuchs wohnt im Bündnerland.

Kindes Schwierigkeiten bekommen. In Chur habe sie dann ihren Mann kennengelernt, einen Leutnant. Er habe ihr Eindruck gemacht. Mit ihm, der in den Emser Werken gearbeitet habe, sei sie ins damals noch kommunistische Bulgarien, später nach Nigeria, Belgien und schliesslich zurück ins Bündnerland gezogen. Die beiden gemeinsamen Söhne hätten lange nicht gewusst, dass sie einen Halbbruder hätten und ihre Kindheit in der Gewissheit verbracht, Daniel sei ein Cousin. In der Pubertät hätten sie von dritter Seite die Wahrheit erfahren; erst ab diesem Zeitpunkt habe sie offen zu ihrem ersten, unehelich geborenen Kind stehen können, erzählt Ursula C.-Fuchs.

Magdalena Hopfensitz, inzwischen zweiundsiebzig Jahre alt, *fast erblindet und vollständig verarmt*, wie sie schrieb, haderte mit ihrem Schicksal. Ihr Mann Anton sei ebenfalls sehr krank. Man sei seines Lebens nicht mehr sicher *vor seinen Tobsuchtsanfällen*, und er werde wohl bald in die Heilanstalt gebracht werden müssen. Sie erkundigte sich bei ihrem Halbbruder, ob es eine Möglichkeit gäbe, sie in ihrer alten Heimat irgendwo unterzubringen, unterstützt womöglich durch den *Freibettenfonds*, in den die Eltern jahrelang einbezahlt hätten. Das Schreiben blieb unbeantwortet wie alle früheren und alle danach folgenden, denn Magdalena fragte in Abständen immer wieder nach, ob ihre Briefe angekommen seien. Im April 1960 folgte die Nachricht vom Tod und vom Begräbnis ihres Mannes Anton.

Peter Fuchs und sein Vater verbrachten im Sommer 1960 erneut Ferien auf Ibiza. Von dort schrieb Johannes Fuchs gleich nach ihrer Ankunft an seine Frau, die *liebe Mutter* solle doch von den 200 Franken, die er ihr zu Hause als Reserve zurückgelassen habe, 100 Franken nehmen und in seiner Bank an der Neugasse, *beim Herrn Hummel oder beim Herrn Eisenhut* 1000 Peseten wechseln, was circa 75 Franken entspreche. *Falte die Noten so, wie ich es manchmal tat und sende sie mir im gewöhnlichen, nicht zu dicken Brief.*

Zwei Jahre später weilte Johannes Fuchs mit dem gerade drei Jahre alt gewordenen Enkel Daniel und seinem inzwischen verheirateten Sohn Peter, dessen Frau Doris und deren Söhnchen zum letzten Mal auf Ibiza. Er schrieb begeistert von seinen Grossvater-Pflichten und äusserte sich enttäuscht von der Entwicklung, die in Ibiza eingesetzt hatte: *Vieles hat sich verändert – das Dorf ist überfremdet, den Anforderungen nicht gewachsen.*

Johannes Fuchs mit seinem Enkel Daniel auf Ibiza.

Von wenig Erfreulichem berichtete das Protokoll der Mitgliederversammlung des Kammerchores Zürich: *27 anwesende, 17 entschuldigte und 100 unentschuldigte Mitglieder* erfahren, dass alle drei Konzerte des Bruckner-Zyklus Verlustveranstaltungen waren, wobei die jeweiligen Defizite durch Sponsoren gedeckt werden konnten, für das bevorstehende vierte Konzert aber keine Deckungsmittel mehr vorhanden seien.

Der Vorsitzende Meyer stellte fest, dass sich der Kammerchor in einer *schlimmen Lage befindet, obwohl Herr Fuchs sich immer heroisch nicht nur für das Musikalische, sondern auch für die Beschaffung der finanziellen Mittel einsetzte.* Was eigentlich nicht die Aufgabe eines Dirigenten sei. Man werde *Mittel und Wege* finden müssen, um die prekäre finanzielle Lage zu sanieren. Eine davon sei, die Aktivmitgliederbeiträge auf 25 Franken pro Jahr zu erhöhen. Ein Mitglied wies darauf hin, dass der Kammerchor wie ein Verein organisiert sei, jedoch allgemein kein Interesse an einem solchen bestehe. Fuchs habe als Präsident des Kammerchores alle Defizite selber zu tragen. Das sei eine unhaltbare Situation. Man beschloss, unter den Mitgliedern eine Sammlung von mindestens zehn Franken pro Mitglied durchzuführen, sofern beim nächsten Konzert wieder ein Defizit entstehen und wie bei den bisherigen drei Konzerten nicht mehr als fünfzig bis sechzig Prozent der Karten verkauft werden könnten.

Es kam der Einwand, der Kammerchor habe zunehmend das Image eines Kirchenchores, dem müsse abgeholfen werden. Fuchs konterte, das hätten sie schon oft besprochen. Gangbare Werke seien nun einmal religiösen Inhalts, und durch Aufführungen des «Idomeneo» oder der «Jahreszeiten» seien zudem ebenfalls grosse Defizite entstanden. Dringend gefordert wurde die Gründung eines Gremiums zur Verwaltung der Finanzen. Patronatsmitglied Menghini gab zu Bedenken, es sei rechtlich schwierig, einen Finanzausschuss einzusetzen, weil *tatsächlich alle Kompetenzen in den Händen von Herrn Fuchs liegen.* Fuchs erklärte sich als künftiges Mitglied dieses Ausschusses trotzdem damit einverstanden.

Zuletzt richtete Chormitglied Roland Bruggmann, der später in St. Gallen Johannes Fuchs' Nachfolger wurde, das Wort an die Versammlung und rügte mit scharfen Worten die *Nachlässigkeit und fehlende Disziplin*, mit welcher viele Mitglieder die Proben betrachteten, was der damals 27-jährige Bruggmann, Student am Konservatorium Zürich, als *respektlos und unanständig* bezeichnete.

Der Kammerchor Zürich mit seinem ausgezeichneten Ruf bestand aus Mitgliedern, die nicht nur aus Zürich und dessen Grossraum, sondern aus der Ost-, Nord- und Zentralschweiz kamen. Eines der Probleme bestand darin, dass Chormitglieder wegen Arbeitsüberlastung oder anderen Verpflichtungen – oft taten sie das mit einem ausführlichen Erklärungsschreiben oder gar mit einem Arztzeugnis – den Proben fernblieben. Viele der Mitglieder waren in Lehrberufen für Musik tätig. Teilweise führte dies zu einem Dilemma bei Johannes Fuchs. *Es war ihm nie vergönnt, einem Berufsensemble vorzustehen*, schrieb Roland Bruggmann 1999 im Nachruf auf Johannes Fuchs. Er habe unbedingt professionell arbeiten wollen und von seiner Sängerschaft den vollkommenen Einsatz erwartet.

Fuchs selber sagte es einmal so: *Man muss sich eine Partitur so zu Eigen machen, als ob es sich um ein eigenes Werk handeln würde. Man muss jedes Werk jedes Mal vollkommen neu erschaffen. Musikalische Gestaltung darf sich nicht in der Schwarz-Weiss-Malerei einer äusserlichen Dynamik erschöpfen. Gestaltung bedarf der Linie, der Fläche, der Klangfarbe, des richtig gesetzten Akzentes.*

Seitens vieler Sängerinnen und Sänger wurde Fuchs bezüglich dieses Gestaltungswillens eine besondere Gabe attestiert. *Indem er die Klangfarbe in die Dynamik mit einbezog, erschloss er eine neue Dimension, die Dimension der klanglichen Tiefe, die man gelegentlich wirklich räumlich empfinden konnte.* Sie sei am ehesten mit der Farbe in der Natur zu erklären, *die in der Nähe real und eindeutig erscheint, sich mit zunehmender Entfernung dunkler werdend verändert und schliesslich wieder heller, in ein Bläulich-Violett übergeht und sich über den Horizont hinaus verliert – hinaus in den Bereich des Transzendentalen*, schrieb sein Nachfolger. Roland Bruggmann war nach seinem Studium in Biel als Korrepetitor und Dirigent am Städtebund-Theater Biel-Solothurn tätig und bewohnte, wie er Johannes Fuchs schrieb, mit seiner Familie – inzwischen Vater von drei Söhnen mit den Namen Kaspar, Melchior und Balthasar – zwischen *Wald und Rebberg ein altes kleines Haus. Es ist der 6. Januar, wir haben ein wenig unsere drei kleinen Könige gefeiert.*

> **Roland Bruggmann hat Johannes Fuchs verehrt und versucht, die Arbeit als Domkapellmeister im Sinne von dessen Schaffen weiterzuführen. Doch er war viel mehr der Dirigent und als solcher wesentlich besser als sein Vorgänger. Fuchs hat man immer Schwankungen im Tempo vorgeworfen, doch das war dann eben seine Art der Interpretation. Es kann sein, dass er im Lauf der Zeit langsamer wurde, aber es ist auch denkbar, dass er das manchmal absichtlich machte, um bestimmte Stellen besonders herauszustreichen. Leute, die meinten, dass in der Musik alles wie beim Metronom laufen müsse, hatten dafür weniger Verständnis.**
> Markus Kaiser

Den Konzertauftritten des Kammerchores Zürich schien man die *fehlende Disziplin*, welche Bruggmann beanstandet hatte, nicht anzumerken, denn zu Fuchs' sechzigstem Geburtstag im September 1963 erschien in der NZZ ein Artikel, der die ausgezeichnete Entwicklung des Kammerchores seit seiner Gründung herausstrich und ihm einen *festen Platz im Zürcher Musikleben* einräumte. Dem *hochverehrten Herrn Domkapellmeister Fuchs* flogen Gratulationen in grosser Zahl zu für *all das Beglückende* von der gesamten deutschschweizerischen kirchenmusikalischen Welt. Danksagungen von Behörden, von Chormitgliedern, Schülern, Verwandten, Bekannten und Freunden. Die Schreiben waren dekoriert mit gepressten Stiefmütterchen, Kleeblättern, Edelweiss, Enzian und Männertreu. Einige Gratulanten dichteten Verse, andere schickten Karten mit Jung- und anderen Füchsen als Bildmotiv.

Die Stadt Zürich verlieh Johannes Fuchs zu seinem sechzigsten Geburtstag für sein *langjähriges Wirken im musikalischen Leben der Stadt und als Auszeichnung bedeutendster Verdienste auf dem Gebiet der Musik* die Goldene Georg-Nägeli-Medaille. Der St. Galler Cäcilienverband dankte für die *bahnbrechende, führende Arbeit, für die beispiellose Hingabe und Aufopferung im Dienste der heiligen Musik*. Den Präsidenten der Katholischen Administration, Karl Eberle, drängte es, Fuchs *für Ihren steten Einsatz, aber auch für Ihr feines Verständnis für die Grenzen, welche Ihrer Arbeit von Seiten der Behörden gelegentlich gesetzt werden mussten, zu danken. Wir stehen mitten in der Innenrenovation, wobei wohl einiges, das uns beiden lieb und vertraut geworden ist, fallen muss.* Eberle schickte mit seinem Gratulationsschreiben ein Stück der noch bestehenden Farbscheiben der Kathedrale – als Erinnerungsgabe.

Tages-Anzeiger-Korrespondent Fritz Gysi schrieb an Fuchs, dass zu seinem Bedauern der Tages-Anzeiger den ihm zugedachten Geburtstagsartikel *refüsiert* habe mit der Begründung, das Blatt gratuliere *selbst berühmten Künstlern* erst zum siebzigsten und achtzigsten Geburtstag. *Gegen dieses Prinzip lässt sich leider nicht aufkommen. Warten wir also noch zehn Jahre, und falls ich dann noch vorhanden sein sollte, wird die Sache nachgeholt!*

Im Advent des Jahres 1963 fand Bundesrat Etter zu Hause *beim Aufräumen und Platzschaffen für Christbaum und Krippe* die handgeschriebene Rede, die er anlässlich der Zürcher Aufführung der «Missa solemnis» von Beethoven mit Kammerchor, Orchester und Soli gehalten hatte. Er bittet *den Stoff, auf dem ich den Text niederschrieb, nicht zu beachten.* Es handelt sich dabei um auseinandergerissene gelbe Postcouverts, nunmehr zusammengehalten von einer rostig gewordenen Briefnadel.

Zum siebzigsten Geburtstag, am 24. September 1973, wurde dem Jubilar eine Gedenkschrift mit 132 Seiten überreicht. Darin enthalten sind Dankes- und Glückwunschreden von unter anderen Bischof Josephus Hasler, dem St.Galler Stadtammann Alfred Hummler, dem Abt von Ottobeuren, von den Komponisten Johann Baptist Hilber und Robert Blum sowie längere Aufsätze von alt Administrationspräsident Karl Eberle, vom Komponisten Paul Huber, dem Domorganisten Siegfried Hildenbrand, dem Stiftsbibliothekar Johannes Duft und vielen anderen. Angehängt an die Festschrift ist ein umfassendes Verzeichnis der von Johannes Fuchs zur Aufführung gebrachten Werke.

Dazwischen lag ein Jahrzehnt der tiefgreifenden Umbrüche. Für Idda Heuberger hatte eine intensive Konzerttätigkeit eingesetzt, gewürdigt von positiven Kritiken. Das Frauentrio Idda Heuberger (Orgel), Luise Schlatter (Geige) und Wilhelmine Bucherer (Harfe) lud zu Händel, Telemann, Brahms, Reger, Burkhard, Franck ins Zürcher Fraumünster ein, während nicht weit von der Kirche entfernt, im Schauspielhaus, Frank Wedekinds Tragödie «Lulu» gegeben wurde. Eine Tragödie ebenfalls in mehreren dramatischen Aufzügen spielte sich zur gleichen Zeit an der Zeughausgasse in St.Gallen ab. Das an Idda Heubergers Häuschen angrenzende Gebäude wurde abgerissen und neu aufgebaut. An der Wand gegen die Baustelle hin stand ihre Hausorgel, auf welcher sie unterrichtete und übte. In einem Schreiben an die Bauherrschaft gab sie ihrer

Befürchtung Ausdruck, Erschütterungen und Staub könnten der Orgel schaden. Die Bauherrschaft schlug vor, einen Orgelbauer zu Rate zu ziehen, damit aufgrund seiner Einschätzung die notwendigen Vorkehrungen getroffen werden könnten. Idda Heuberger war einverstanden, wollte aber keinesfalls den Erbauer ihrer Orgel kontaktieren, *denn den will ich nie mehr sehen. Bis sie gebrauchsfertig war, hatte ich grossen Kummer und viele Sorgen und nur, weil ich nicht streiten kann, habe ich von einem Prozess gegen den Orgelbauer abgesehen.* Nach Absprache mit Organistenkollege Siegfried Hildenbrand schrieb sie dem Orgelbauer Späth in Rapperswil und bat ihn im Auftrag der Bauherrschaft um eine Expertise vor Ort. *Die Rechnung für Ihre Bemühungen bitte ich Sie zu gegebener Zeit an das Vorhang-Spezialgeschäft Schnider-Mannhart zu senden.* Doch Späth reagierte nicht. Die Bauarbeiten waren bereits in vollem Gang.

Idda Heuberger kontaktierte den Architekten Hug. Dieser wandte sich persönlich an Späth. Die Sache sei dringend. An die Bauherrschaft schrieb Idda Heuberger: *Ich habe Angst zum Verzweifeln! Das Loch rückt näher und näher, und ich konnte den Orgelfachmann einfach nicht herzaubern. Jetzt kann ich nur noch beten, dass alles gut geht. Es wäre schrecklich, wenn etwas passieren würde.* Ein Experte liess sich dann doch noch finden; er riet der Bauleitung, die Hauswand vor Vibrationen zu schützen, da die Orgel tatsächlich Schaden nehmen könnte. Das allerdings leuchtete dem Architekten nicht ein. Viereinhalb Monate später folgte der nächste Brief von Idda Heuberger an ihn: *Wie Sie wissen, stand leider doch noch ein Unstern über meiner Orgel. Die Wand vibrierte – entgegen Ihrer Zusicherung – die über fünfhundert Pfeifen sind verstimmt. Ob sonst noch Schaden entstanden ist, kann erst der Orgelbauer sehen.* Der Streit eskaliert zwei Monate später, nachdem aus einer undichten Stelle des neuen Nachbardaches auch noch Wasser in Idda Heubergers Wohnung tropfte. Hug und der Dachdecker begutachteten den Schaden vor Ort. Idda Heuberger protokollierte: *Die Herren kommen. Bestätigen Fehler von Spengler. Herr Hug hat furchtbare Wut. Nennt mich Übertreiberin. Sagte, ich lüge. Spricht von «blödem Sau-Örgeli».*

Zwei Tage später traf bei der Bauherrschaft ein eingeschriebener Brief von Idda Heuberger ein: *Meine Orgel ist kein Dreck-Örgeli. Sie dient meinem Broterwerb und ist mindestens so zu respektieren wie Ihre Nähmaschinen. Es ist ja wirklich mehr als ungewohnt, dass so ein Instrument in einer Privatwohnung steht – und dann erst noch in einem unscheinbaren Hinterhäuschen. Aber ich habe das Unmögliche möglich gemacht mit zähem Sparen, und wohl deshalb liegt mir die Orgel wohl ganz besonders am Herzen. Sie dient mir als Unterrichts-Instrument und zur Vorbereitung für meine Konzerte. Deshalb war es umso gemeiner, mich der Lüge zu bezichtigen betreffend Stimmung der Orgel, ja, mir sogar unehrliche Machenschaften mit dem Orgelexperten unterzuschieben.*

1973, fünf Jahre, nachdem Idda Heuberger den Namen Fuchs vor ihren eigenen gestellt hatte, liess sie an der Südseite des nun gemeinsamen Wohnsitzes einen Anbau ausführen, ihre Orgel revidieren, erweitern und im neuen Hausteil montieren.

Die Orgel im angebauten Hausteil der Fuchsens.

Johannes Fuchs Junior am Klavier.

> **Es war ein spielerischer Einstieg in die Musik in meinem Elternhaus. Einmal setzte ich mich hin und fuhr mit dem Autöli über die Tasten des Flügels. Das war das einzige Mal, als mein Vater mit mir schimpfte. Weil ich mit dem Autöli die Elfenbeintasten beschädigt hatte.**
> Johannes Fuchs Junior

Am 29. April 1962 fand im Grossen Saal der Zürcher Tonhalle die Aufführung der Mozart-Messe in c-Moll sowie die schweizerische Erstaufführung (die Uraufführung hatte ein Jahr zuvor im Rahmen des internationalen Musikkongresses unter der Leitung von Fuchs in Köln stattgefunden) von Paul Hubers «Corpus Christi mysticum» statt, zusammen mit dem Kammerchor Zürich, Solisten und dem Radio-Orchester Beromünster. An der Orgel sass Idda Heuberger; das Konzert leitete Johannes Fuchs. Unter dem Titel: *Grosser Erfolg von St. Galler Musikern in Zürich* schrieb die katholisch gesinnte Tageszeitung Ostschweiz, der Anlass habe *sowohl dem Dirigenten wie dem Komponisten wahre Ovationen* eingebracht. Hubers Werk habe sich von Neuem als eine *wahrhaft sinfonische Komposition* erwiesen. Weniger euphorisch äusserte sich der NZZ-Kritiker. Der eine halbe Stunde währende Hymnus von Huber habe die Wirkung dieser *recht problematischen Komposition* beeinträchtigt. Heikel sei ausserdem der Angriff, *den der Komponist im Programmheft auf viele seiner komponierenden Zeitgenossen unternehmen zu müssen glaubte*, denen er «Zerstörung bewährter Traditionen» und «krankhafte Sucht nach Noch-nie-Gehörtem» vorwarf.
Die Konzert-Abrechnung schlug mit einem Defizit von 2577.15 Franken zu Buche.
In besagtem Feuilleton der NZZ aus dem Jahr 1962 fragte Redaktor Anton Straube in seinem Feature, ob im Lande erneut eine «Festivalitis» auszubrechen drohe. *In der Hoffnung auf linde Abende und sternenklare Sommernächte scheint alljährlich ein Rausch der Kunstliebe über die Menschheit zu kommen. Zeitweise nimmt er den Charakter einer ansteckenden Krankheit an. Man könnte von Festivalitis sprechen. Ohne Zweifel. Die ersten Fieberschauer machen sich bereits bemerkbar. Wer zählt all die Festprogramme, die ihr Dasein teils der Kunstliebe, teils der touristischen Werbetüchtigkeit verdanken?*
Die Freimaurerloge Concordia St. Gallen bedankte sich bei Johannes Fuchs dafür, dass er den Mut gehabt habe, in der Vorbesprechung des Orchesterkonzerts des Männerchores Harmonie die Zugehörigkeit Mozarts zur Loge zu erwähnen.

```
                    E. OBERHÄNSLI & CO.
                         VERSICHERUNGEN
   FEUER DIEBSTAHL BETRIEBSUNTERBRECHUNG GLAS WASSERSCHADEN TRANSPORT UNFALL HAFTPFLICHT KASKO
         Telephon 25 69 10  Postcheck VIII 20 831  Postfach Zürich-Fraumünster 414  Telegramme: Obinsur
```

                                    Herrn Direktor Fuchs
                                    Domkapelle

                                    St. Gallen

                                    ZÜRICH, 23. Juli 1962
                                    Schanzenhof, Talstrasse 15

Sehr geehrter Herr Direktor,

Herr Ed. Rosenberger, Hotel Restaurant Vorderer Sternen,
Zürich 1, meldet uns, dass Sie einen "Knirps" vermissen.

Mit diesem Schreiben möchten wir Sie anfragen, ob der
betreffende Schirm nicht durch eine Mobiliarversicherung
auf Ihren Namen anderweitig gedeckt ist. Wir wären Ihnen
für baldigen Bericht dankbar.

Immerhin müssen wir Ihnen jetzt schon mitteilen, dass durch
die Police von Herrn Rosenberger keine Deckung vorhanden ist,
da gesetzlich keine Haftung besteht.

Irgendeine Zahlung würde unsererseits kulanzweise erfolgen.

                                    Mit vorzüglicher Hochachtung
                                    E. OBERHAENSLI & CO.

Auch ein Knirps war ein grosser   s/N
Verlust.

Einer, der sich regelmässig bei Johannes Fuchs meldete, war der in Musiker- und Studentenkreisen äusserst beliebte Theologe, Lehrbeauftragte für Gregorianik in Zürich, Bern und Luzern, Priester und Musiker Pater Roman vom Kloster Einsiedeln. Roman Bannwart war Gesangsschüler von Johannes Fuchs und sang im Kammerchor Zürich. 1947 wurde er Choralmagister, 1954 übernahm er, ein begeisterter Bassist und Mitglied einer Jazzband, die Leitung der Studentenmusik an der Stiftsschule Einsiedeln. Johannes Fuchs' Nachfolger Roland Bruggmann gehörte dort zu seinen Schülern.

1967 wurde Pater Roman von Johannes Fuchs gebeten, am Domkonzert vom November eine Festrede zu halten. Jener willigte ein. Einen Monat nach dem Konzert erreichte Fuchs ein Brief aus Einsiedeln. Pater Roman war empört. Auf Umwegen habe er erfahren, dass seine *Festpredigt* bei gewissen Herren Kanonikern nicht eitel

Freude ausgelöst habe. Er könne das begreifen, da man in Klerikerkreisen Gedanken über die kirchenmusikalische Entwicklung, wie er sie in seiner Rede formuliert habe, nicht gerne höre. *Dass nun aber Stimmen im Domkapitel laut wurden, die an der Ehrlichkeit und an der Echtheit meiner Überzeugung zweifeln, indem sie Gerüchte über meine musikalische Tätigkeit herumgeben, die absolut nicht der Wahrheit entsprechen, das finde ich nun doch zu viel des Guten! Es ist eine infame Lüge, und es ist eine Verleumdung, wenn behauptet wird, ich hätte je bei einer Jazzmesse mitgewirkt, bei der sogar unser Abt Raimund zelebriert haben soll. (…)* Er bat Fuchs um den Freundesdienst, *den betreffenden Kanonikus H. aufzufordern, den Beweis für seine Behauptung anzutreten,* ansonsten er das Doppel des Briefes an seinen Abt weiterleiten und entsprechende Schritte beim Bischof unternehmen werde.

Maria Fuchs war im Januar des gleichen Jahres, 1967, nach wenigen Monaten schwerer Krankheit gestorben. Ihre Domchorkollegin Lony R. hatte einen grossen Strauss gelber Rosen an ihr Sterbebett gebracht. *Die Farbe der Blumen verschmolzen mit dem wächsern-gelben Gesicht der sterbenskranken Frau,* erinnert sie sich. Lony R. war viele Jahre Gesangsschülerin von Johannes Fuchs gewesen und hatte, wie sie erzählt, sowohl mit Maria als auch mit ihrer Freundin Idda das «Geheimnis» um Johannes Fuchs ausserehliche Beziehung geteilt.

Der 24. Dezember, das war eigentlich fast das Grösste, denn es bedeutete, mit dem Vater zusammen zu sein. Er war ja sonst nie da. Am Weihnachtstag war volles Programm im Dom. Aber an Heiligabend gingen wir zu Fuss auf den Ostfriedhof und wieder zu Fuss zurück. Ich wusste nicht genau, wer die Frau war, deren Grab wir dort besuchten. Später, nachdem das Grab aufgehoben worden war, stand der Grabstein bei uns hinten im Garten. Da habe ich mich eigentlich auch nie gefragt, wer das eigentlich ist, und niemand erklärte es mir. Erst viel später, als ich mir selber Gedanken darüber zu machen begann, wie das alles zusammenhing, und ob, wie man mir immer gesagt hatte, die zwei Geschichten tatsächlich nacheinander kamen, merkte ich, dass es da offenbar viele Überschneidungen gegeben hatte, von denen ich nie erfahren hatte und wohl auch nie erfahren sollte. Es wurde nie ein Wort darüber geredet. Es war einfach ein Gefühl, als wäre ein Mord passiert. Als läge eine Leiche im Keller. Man liess mich über alles im Unklaren. Ich musste mir alles selber zusammenreimen. Alles, was ich

in meiner Kindheit erfahren hatte, war, dass die anderen Kinder meines Vaters, die ja vom Alter her meine Tanten und mein Onkel hätten sein können, auch Fuchs hiessen. Also Füchse waren wie ich. Das war für mich damals ganz gewöhnlich. Ich bewunderte Marianne, die grosse Ballettmeisterin, das war beeindruckend. Doch es gab nie eine erweiterte Familie, einen Zusammenhalt, wie ich ihn von meiner Mutters Seite her kenne. »
Johannes Fuchs Junior.

Erhörte Gebete

Welche Kräfte auch immer die Finger im Spiel hatten – die Gebete waren erhört worden. Der Trauerflor dürfte noch am Grabkreuz gehangen haben, als sich Johannes Fuchs und Idda Heuberger am 16. April 1968 in der St.Galler Kathedrale, ihrem Wirkungsort, das Ja-Wort gaben. Nahtlos ging der Alltag weiter. Es war, als hätte es Maria nie gegeben – und wenn doch, dann in einem ganz fernen Leben.

Hochzeit von Idda Fuchs-Heuberger und Johannes Fuchs im April 1968.

Rechnung für den Brautstrauss von Idda Fuchs-Heuberger.

Gratulationen, Telegramme in grosser Menge trafen ein. Nur hie und da lässt sich zwischen den Zeilen erahnen, dass es da eine andere Geschichte gegeben haben musste: *Liebes Fräulein Heuberger, zum letzten Mal rede ich Sie heute noch mit Fräulein an. (...) Ihr Weg auf Ihr zukünftiges Ziel war nicht leicht, doch hoffe ich mit Ihnen, dass sich nun alles glätten und beruhigen wird, damit Sie voll innerer Freude den Schritt in die Ehe wagen können. Ihre V.H.*

Beinahe sarkastisch begannen die Zeilen von Ordensschwester Cäcilia. Sie begrüsste die Briefempfängerin mit den Worten: «*Ave Maria!*»

Im Hotel Hecht in Appenzell wurde gefeiert und gegessen: *Bouillon Julienne, gebackener Hecht mit Sauce Tartar und Salzkartoffeln, Roastbeef à l'Anglaise, Sauce Béarnaise, Pommes croquettes, feine grüne Bohnen, Schwarzwurzeln milanese, Carottes à la Parisienne, Salat Mimosa* und zum Nachtisch *Coupe Hecht mit Café und Liqueur*. An Weinen wurden gereicht: ein Domaine de la Bigaire, ein Bernecker Rosenberg und ein Mâcon. Es gab Ansprachen und Musik; zwei Kinder in Appenzeller Tracht trugen einen Dialog vor.

Bub: *Er sei geer en berüemte Maa. / Das gseht mer ihm au recht guet aa. / Sin wiite Huet, die lange Hoor. Säb Mäschli het im Kammerchor / scho menger Dame mächtig gfalle. / Si schwermet für de Meischter vo St.Galle. / Doch er, er heig nur Auge gha, / das gäbs auch bimene geniale Maa / für d'Idda us em Hexe-Huus. / Dei geng er sehr geen ie und uus. / Scho bald schmeckt mer emol de Broote: / d'Idda tuet de Fuchs hüroote.*

Mädchen: *Die Dame dei im schöne Gwand. / Sie cha den öppe allerhand, cha Note schriibe, Orgle spile, / em Johannes jede Wunsch erfülle. / Drum hett sie au en Auto kauft, / will er söss viel z schnell ome lauft. / Das chönnt em Künstlerherz no schaade, / das jetzt vo Liebi überlaade.*

Überladen war das Fuchsenherz nicht nur von Liebe, überladen war es von Stund an auch wieder mit Sorgen, Kümmernissen und Ärger – auch wenn Idda Fuchs ihn von seiner wohl schwersten Last befreite und das Zepter in finanziellen Belangen übernahm.

« Meine Mutter regelte alles für ihn. Er hatte ja Schulden. Das war eine Symbiose, eine Liebe des Lebens, was die beiden verband. Aber es bedeutete auch, dass meine Mutter, die ja auch Musikerin war, ihre Karriere für meinen Vater aufgab. Darunter hat sie gelitten. Sie hat sich für ihn geopfert. Seinen Erfolgswellen als Musiker mussten sich alle vollständig unterordnen. Ich sah ihn selten eine Buchhaltung oder etwas im Haushalt machen. Das ist für mich der Zwiespalt im Verhältnis zu diesem Übervater. Er war nie da. Ich hatte ihn fast nie für mich allein. Ständig hatte er Leute um sich herum. Und meine Mutter regte sich furchtbar auf darüber, wie er von anderen Frauen angehimmelt wurde. Ihn hatte immer nur die Musik interessiert. Es war ihm egal, wenn er für ein Kammerkonzert 15 000 Franken Schulden machte. Er hatte gigantische Defizite angehäuft. »
Johannes Fuchs Junior

Der Grafiker Johannes Fuchs Junior. Im Hintergrund ein Porträt seines Vaters, gemalt von Franz Rederer. Johannes Fuchs Junior lebt mit seiner Familie in der Nähe von Zürich.

Wenige Monate nach seiner Vermählung wurde Johannes Fuchs fünfundsechzig Jahre alt. Er erhielt ein Schreiben von der AHV mit der Mitteilung, dass er ab September 1968 eine monatliche Rente von 294 Franken erhalten werde. Und schon vor der Hochzeit hatte ihn die Schulverwaltung St. Gallen wissen lassen, dass er ab Oktober Anspruch haben werde auf eine Altersrente in der Höhe von 544.25 Franken.

Johannes Fuchs Junior war knapp ein Jahr alt, als sein Vater 1970 zum 25-jährigen Dienstjubiläum als Domkapellmeister von der Katholischen Administration eine Treueprämie in der Höhe eines halben Monatsgehalts erhielt; Carl Schuricht war seit drei, Josef Heinrich Dietrich vierzehn Jahre tot, Johann Baptist Hilber seit vielen Jahren krank, er starb 1973. Konservatorium und Musikhochschule Zürich teilten 1971 mit, leider sehe man sich genötigt, den bisherigen Arbeitsvertrag aufzulösen, könne Fuchs aber, da er bei guter Gesundheit sei, weiterhin eine beschränkte Stundenzahl in Form eines Lehrauftrags anbieten. Angefügt war der Satz: *Mit siebzig sollten sie definitiv zurücktreten.*

Johannes Fuchs mit seinem kleinen Sohn Johannes Fuchs Junior.

Zum 200. Geburtstag von Beethoven im Jahr 1970 beabsichtigte man einen Beethoven-Zyklus kombiniert mit der Missa Solemnis als Domkonzert durchzuführen. Bischof und Administrationsrat hatten bereits grünes Licht gegeben, doch noch standen alle Fragen offen bezüglich Trägerschaft, Organisation, Finanzen, Orchesterbeteiligung, Solisten.
Eberle und Fuchs, inzwischen per Du, trafen sich zur Aussprache im Seeger.
Fuchs: *Kafi Schnaps!*
Eberle: *Für mich nicht, ich habe nachher Sitzung.*
Fuchs: *Dann erst recht Kafi Schnaps!*
Eberle: *Der Bischof…*
Fuchs: *Von mir aus der Papst.*
Eberle: *Es ist wegen Beethoven.*
Fuchs: *Jo wer etzt? De Papscht oder de Beethoven?*
Eberle: *Du musst wissen, Johannes, dass wir – er und ich – uns Sorgen machen.*
Fuchs: *Du und de Papscht? Wäg em Beethoven?*
Eberle: *Nein, nicht wegen Beethoven und auch nicht ich und der Papst, sondern der Bischof und ich. Es ist das Alter, Johannes, das Alter. Ich habe mir nicht die Mühe genommen, den Geburtsdaten der Aktivmitglieder nachzuforschen, schon aus Höflichkeit gegenüber den Damen. Aber ehrlich. Wo ist die Jugend, Johannes, wo bleibt sie?*
Fuchs: *Beethoven hat kein Alter. Und Idda wird schon für Nachwuchs sorgen.*
Eberle: *Das ist nicht die Jugend, die ich meine. Wir brauchen junge Leute im Domchor, Johannes, junge Leute, aber für die jungen Leute machst du zu viele Proben. Alle diese Anlässe – Gallusfest, Einweihung renovierte Kathedrale, Domkonzert, Ostern, Fernseh-Übertragung, Orgelweihe, Plattenaufnahmen – du bist ein Sklaventreiber! Niemand will sich so stark einbinden lassen. Für nichts bleibt mehr Zeit. Theaterabonnement, Jassclub, Kegelclub, Kino kann man streichen – wer im Domchor ist, ist mit dem Domchor verheiratet.*
Fuchs: *Keine schlechte Partie.*
Eberle: *Und sing fröhliche Sachen. Weltliche. Zwischendurch, meine ich. Das hilft vielleicht. Mach Freude! Im Domchor herrscht Untergangsstimmung. Immer Diashow nach der Hauptversammlung geht einfach nicht. Darum fliegen dir die jungen Leute wie ein Schwarm Vögel davon.*

Fuchs: *Après nous le déluge.*
Eberle: *Eben nicht! Die Sintflut trockenlegen. Darum geht's! Wir müssen gesunden, Johannes, ge-sun-den!*
Fuchs: *Wieder so eine katholische Rosskur.*
Eberle: *Komm mir nicht mit alten Geschichten. Du weisst genau, dass ich keine Wahl hatte.*
Fuchs: *Keine Wahl? Ka Födle, sage ich dem.*

Das geplante Domkonzert bereitete Kopfschmerzen. Das Städtische Orchester sollte die grosse Besetzung stellen, doch das war nicht ganz einfach. Der Konzert-Verein verpflichtete Zuzüger aus anderen Städten. Dann krebste Fuchs zurück. Er wollte nun doch ein kleineres Orchester. Dieser Sinneswandel stiess beim Konzert-Verein auf Unverständnis – mehr noch, auf blankes Entsetzen, konnten doch die bereits abgeschlossenen Verträge mit den Zuzügern, wenn nicht höhere Gewalt mitspielen sollte, nicht einfach wieder aufgelöst werden. Eberle wurde eingeschaltet; er stellte sich auf die Seite des Konzert-Vereins. Das nächste Defizit pfiff bereits vom Domdach.

1974 wurde Johannes Fuchs der Kulturpreis der Stadt St. Gallen verliehen. Das Monatsheft «Form und Geist, illustrierte Blätter für praktische Menschenkenntnis und angewandte Psychologie» widmete dem *Charakterkopf* Fuchs eine länger Betrachtung über Physiognomie und Profil bis hin zum *grossen, kräftigen Ohr, welches den bemerkenswerten seelischen Mut und den inneren Drang zum Einsatz kennzeichnet. Günstigerweise ist das Ohr anliegend, die elektrische Spannung im Seelischen somit nicht gross, was Ruhe schafft. Herr Fuchs kann die starken Orgeltöne lange und gut aushalten; auch das grosse Volumen eines Chores mit Orchester bedingt ein kräftiges Ohr. (...) Alle diese markanten Gesichtszüge sprechen deutlich von der Originalität dieser Persönlichkeit. Domkapellmeister Fuchs geht deshalb seinen eigenen, schöpferischen Weg. Er kann sich nur dort wohlfühlen, wo man ihm volle Handlungsfreiheit lässt; denn jede Unterdrückung erweckt in ihm Rebellion.*

Marianne Fuchs gründete im gleichen Jahr in St. Gallen ihre eigene Tanzschule.

> **Ich habe mich einfach darauf verlassen, dass es klappen würde. Geld hatte ich ja keins. Und zu Hause zwei schulpflichtige Buben. Die Stange und die Spiegel finanzierte ich mit Geld aus der Pensionskasse. Es lief sofort auf Hochtouren. Die Schülerinnen und Schüler liefen mir einfach zu. Sie lernten unterschiedlichste Tanzdisziplinen; sie mussten Konzerte besuchen, ins Museum gehen, alle ihre Sinne trainieren, nicht nur den Körper. In meiner Schule konnte man eine ganzheitliche Ausbildung machen, mit Diplomabschluss. Ich holte Gastdozenten aus dem In- und Ausland.**
> Marianne Fuchs

Sie liess sich in Düsseldorf und Dresden zur Tanzpädagogin weiterbilden; entdeckte und förderte den aus einer Appenzeller Bauernfamilie stammenden, später weltweit erfolgreichen Tänzer und Choreographen Martin Schläpfer, der dank seiner Auszeichnung beim Prix de Lausanne 1977 an der Royal Ballet School of London studieren konnte.

> **Und eines Tages stand dann Jaroslav Gillar vor meiner Türe. Er war damals Regisseur am Theater St. Gallen. Ein gestörter Löli. Aber er machte tolle Sachen. Er suchte Tänzerinnen und Tänzer, die Folklore tanzen konnten. Das Fach unterrichtete ich auch. Ich durfte also eine Choreographie ausarbeiten und anbieten, dann noch eine und noch eine. Und so wurde ich nach und nach so etwas wie eine freiberufliche Haus-Choreographin.**
> Marianne Fuchs

Über siebzig Produktionen brachte Marianne Fuchs mit ihren Ballettschülerinnen und -schülern, gemeinsam mit der Truppe des Theaters St. Gallen, auf die Bühne. Im Jahr 1986 wurde ihre Schule vom Verwaltungsrat als Theatertanzschule übernommen. Dieser stand Marianne Fuchs bis zu ihrer Pensionierung 2005 vor. Von Paul Huber brachte sie sieben Kompositionen als Tanzstücke auf die Bühne.

> **Paul Huber sagte später, er hätte nie geglaubt, dass man seine Musik tanzen könnte.**
> Marianne Fuchs

Im kulturellen Leben der Stadt St. Gallen fand just zu dieser Zeit eine heftige Kontroverse statt: Zum 225-jährigen Bestehen der Textilfirma Mettler & Co. hatte Ruedi Mettler[16] der Stadt ein Wandbild des grossen katalanischen Künstlers Antoni Tàpies geschenkt.
Das Werk von Tàpies mit dem beinahe schicksalshaft klingenden Titel «Gran Esquinçal» (Grosses Zerrissenes) wurde im Foyer des neu gebauten Theaters St. Gallen aufgehängt. Der Streit zwischen Befürwortern und Gegnern wurde in der Ostschweizer Presse ausgetragen und schweizweit diskutiert. Kritiker forderten das Entfernen der «Lumpen». Den endgültigen Entscheid fällte der Gemeinderat – knapp zugunsten von «Gran Esquinçal». Antoni Tàpies hatte über die St. Galler Erker-Galerie, gegründet und geführt von Jürg Janett und Franz Larese, schon mehrere Jahre intensive Kontakte zu St. Gallen gepflegt. Für die Universität hatte er in den 1960er-Jahren mehrere Wandgemälde geschaffen.

Im Herbst 1977 feierte der Domchor sein 100-jähriges Bestehen. Aufgeführt wurde Anton Bruckners Grosse Messe in f-Moll mit Siegfried Hildenbrand an der Orgel, der Choralschola, dem Domchor St. Gallen und Solisten, unter ihnen Ernst Häfliger. Stiftsbibliothekar Johannes Duft schrieb eine dem Domchor gewidmete Festpredigt. Er erinnerte sich an die vor hundert Jahren aufgenommene cäcilianische Reform in der Kirchenmusik, schaute zurück auf Johannes Fuchs' Vorgänger, die beide aus Deutschland stammten und beide kompositorisch tätig gewesen waren. Auf den ersten Domkapellmeister Johann Gustav Eduard Stehle folgte 1913 Josef Gallus Scheel. Beide mussten sich mit neuen Zeiterscheinungen in der Gestaltung der musikalisch umrahmten Liturgie befassen. War es während der Amtszeit von Josef Gallus Scheel die Forderung nach mehr Volksgesang in der lateinischen Messe, wirkten in Johannes Fuchs' Ära hinein bereits die Dekrete über die Erneuerung der Osterliturgie, welche dann mit dem Zweiten Vatikanischen Konzil in eine Reform der katholischen Kirche mündeten. Das lateinische Amt sollte zwar nicht abgeschafft, aber die liturgischen Gesänge während der Eucharistiefeier in der jeweilgen Landessprache gesungen werden. An der Diözesan-Kirchenmusikschule St. Gallen veranstaltete der damalige administrative Leiter Walter Schönenberger Mitte der Sechzigerjahre ein Seminar mit dem Titel «Liturgiereform und Kirchenmusik». Es wurde intensiv darüber geforscht und diskutiert, wie künftig liturgische Feiern abgehalten werden könnten.

Ein Jahr nach dem Domchor-Jubiläum, im Alter von fünfundsiebzig Jahren, übergab Johannes Fuchs sein Amt als Domkapellmeister und Leiter von Diözesan-Kirchenmusikschule und Studienchor an seinen Nachfolger Roland Bruggmann. Er gab die Stabführung allerdings nicht freiwillig ab, sondern, wie es kommuniziert worden war, *infolge einer behördlichen Weisung.* Der elf Jahre jüngere Walter Schönenberger erinnerte sich fünf Jahre später in einem Brief an Johannes Fuchs der damaligen, offenbar noch keineswegs verdauten Ereignisse und beklagte die Vernachlässigung der Musikschule: *Du weisst, wie mir dein unfreiwilliger Weggang vom Amte des Domkapellmeisters und Direktors der DKMS weh tat. Jene schändlichen Monate werden wohl in deiner Erinnerung haften bleiben. Es ist schlimm, dass wir beide über die Entwicklung der DKMS nirgends reden können, weil man uns die Sache falsch auslegen würde. Intakt geblieben sind einzig die Orgel-Abteilungen, alles andere ist Unterricht an Einzelne oder kleinste Grüppchen, so, wie er an allen weltlichen Musikschulen erteilt wird. Von Kirchenmusik wird kaum geredet. Seit vielen Semestern habe ich in der Literaturberatung keinen Absolventen gesehen. Seit deiner Verabschiedung existiert auch die Schulkommission nicht mehr. Die Akten der Schule liegen noch immer genau so da, wo ich sie vor einigen Jahren hingestellt habe. Deine wichtige und anerkannte Einflussnahme auf die Arbeit vieler Chöre des Bistums ist erloschen. Dein Nachfolger bemüht sich nicht um eine Weiterführung.*

Das waren düstere Zeiten zu Hause. Vater fühlte sich rausgeschmissen. Mir hat man damals erklärt, dass er an der Kathedrale aufhören müsse und dass das etwas ganz Schlimmes sei. Eine tiefe Kränkung für Vater – die Undankbarkeit der Katholiken. Das hörte ich aus den Gesprächen heraus.
Johannes Fuchs Junior

Nimmermüde leitete Johannes Fuchs bis weit in die 1990er-Jahre hinein den Kammerchor Zürich. Er schrieb eindringliche Briefe an seine *liebe Sängerschaft.* Von August bis November des Jahres 1982 widmete er sich der Einstudierung des «Requiems» von Gabriel Fauré und des «Stabat mater» von Anton Dvorak. Das Einstudieren des «Requiems» hatte er für den berühmten Dirigenten Sergiu Celibidache übernommen, damals Generalmusikdirektor der Münchner Philharmonie. Er wollte das Werk im September des gleichen Jahres in Zürich zur Aufführung bringen. Fuchs schrieb seinen Chormitgliedern in fliegender Handschrift: *Es geht ihm der Ruf eines einmaligen, aber auch unerbittlichen Probemeisters voraus. Bitte schreiben Sie die elf Probetage rot in Ihren Kalender. Ab 27. September werde ich selber es nicht leicht haben, in der knappen noch verbleibenden Zeit eine würdige Darstellung des im Vergleich zum Fauré-«Requiem» viel umfangreicheren und bedeutend schwereren «Stabat mater» herauszubringen.*

Noch Monate nach der Aufführung bereitete das Gastspiel von Sergiu Celibidache Johannes Fuchs schlaflose Nächte. An den damaligen Direktor der Tonhalle-Gesellschaft Zürich, Richard Bächi, verfasste er einen 14-seitigen Brief, in welchem er seiner Empörung über die schlechte Behandlung seiner Person durch den arrogant aufgetretenen Celibidache Ausdruck gab: *Die Angelegenheit ist für mich zu einem eigentlichen Verhängnis geworden. Die demütigenden Aspekte im Verlauf dieser Arbeit haben mich zeitweise fast krank gemacht. Wie war es enttäuschend, dass Herr C. mit mir keine zwei Sätze sprach über die Vorbehandlung der «Requiems» von Gabriel Fauré. Er übergab mir in der Hoteleingangshalle des Limmathauses eine Partitur mit den Worten: «Da habe ich alles hineingeschrieben, was ich will.» In den vielen Jahren meiner Chordirigententätigkeit hatte ich immer wieder Gelegenheit, für bedeutende Interpreten Werke vorzubereiten. Unter anderem für Carl Schuricht, Joseph Keilberth, Hans Rosbaud. Immer wurden diese Zeiten zu schönen, ereignisreichen Arbeitskontakten.* An die Grenzen ihrer Kräfte seien er und die Mitglieder des Kammerchores auch mit den vielen zusätzlichen, von Celibidache anberaumten Proben gekommen. *Warum,* fragte Johannes Fuchs in seinem Klagebrief, *warum musste mir das geschehen?*

Von einer Probe in Zürich kehrte er eines Nachts spät nach St. Gallen zurück. *Zu Hause traf ich Frau und Sohn einmal mehr in nicht guter Verfassung an – den Buben hilflos weinend und müde, die Mutter ebenfalls müde und aufgebracht über alles, was und wie es sich zugetragen hat.* Dies schrieb Johannes Fuchs an den Lehrer seines damals gerade dreizehn Jahre alt gewordenen Sohnes. Der schulfreie Mittwochnachmittag habe einige bedeutende Aufgaben enthalten, *die ohne die Hilfe der Eltern kaum zu bewältigen waren. Der Vater war auswärts beschäftigt, die Mutter bis abends halb sieben Uhr auch ausser Hause eingespannt. Ich sah mir in der Nacht diese Aufgaben näher an. Siebzig fremden Sprachen entspringende gebräuchliche Worte richtig schreiben: Katarrh; Reservoir; Coiffeur; Chauffeur; Pommes frites; Portemonnaie usw.* Er, schrieb der aufgebrachte Vater weiter, könne eine solche Art des Unterrichts nicht nachvollziehen, zumal Hofer seinen Schülerinnen und Schülern offenbar auch noch täglich damit drohe, den Übertritt in die Sekundarschule nicht zu schaffen. *Es gab einmal einen Lehrer Jegge, der schrieb, dass Angst klein macht.* Er teile auch die Meinung mancher Kreise nicht, die Eltern hätten die Pflicht, bei den Schulaufgaben behilflich zu sein. Die Schule habe die Pflicht, mit der Bewältigung des Schulstoffes zurechtzukommen. Dafür gebe es diese Einrichtung. Wenn dies nicht möglich sei, dann sei er als Lehrer hiermit dazu aufgefordert, dies *mutig und immer wieder nach oben zu melden.*

Johannes Fuchs Junior mit seinen Eltern.

« **Ich hatte eine wunderbare Kindheit. Die Eltern waren grossartig. Aber wenn man eine solche Persönlichkeit, so eine Überperson zum Vater hat, ist man ein bisschen chancenlos im Leben, diesen Eindruck hatte ich schon ganz früh. Darunter habe ich gelitten, leide ich wohl heute noch. Das gebe ich zu. Vater war so präsent in seiner Liebenswürdigkeit. Obwohl er natürlich nie da war.** »
Johannes Fuchs Junior

Im Alter von sechzehn Jahren ging der Junior ins Pfadilager nach Grandvillard. Seine Eltern besuchten ihn dort, übernachteten in einem Hotel und machten sich am folgenden Morgen auf die Rückreise. Johannes Fuchs schrieb seinem Sohn noch vor der Abfahrt des Zuges einen Brief: *Es ist kurz nach acht Uhr auf dem Bahnhof. Die Sonne scheint wunderbar nach der regenstürmischen Nacht. Ihr werdet euch jetzt auf den zweitägigen Marsch begeben. Das Wetter möge euch gut sein. Viel Glück und Ausdauer! Es hat mir gefallen in eurem Lager. Nur einen mahnenden väterlichen Hinweis füge ich hier noch an: Wenn ihr zum täglichen Generalappell antretet – schrei nicht zu laut! Du weisst, das ist Mord an der schönen, gesunden Stimme. Bitte nimm es mir nicht übel – ich sage dir das in deinem Interesse.*

Johannes Fuchs Junior absolvierte nach Abschluss der Sekundarschule für ein Jahr den Vorkurs an der Schule für Gestaltung St. Gallen. Nach einem weiteren Ausbildungsjahr beim Grafiker und Künstler Jules Kaeser bewarb er sich erfolgreich für die Grafikklasse.

« **Ich wusste lange nicht, welchen Weg ich beruflich einschlagen könnte. Meine Eltern hätten es schon gerne gesehen, wenn ich Musiker geworden wäre. Doch sie drängten mich zu nichts. Und wie hätte ich in dieser Familie als Musiker bestehen sollen?** »
Johannes Fuchs Junior

Nach seiner Ausbildung zog Johannes Fuchs Junior nach Zürich; er arbeitete viele Jahre für eine PR-Firma und machte sich danach selbständig. Heute lebt er mit seiner Frau und den zwei kleinen Töchtern in der Nähe von Zürich. Es bestehen keine Kontakte zur ersten Familie seines Vaters.

Als alt Domkapellmeister Johannes Fuchs mit den Vorbereitungen zur Uraufführung des «Te Deum» von Paul Huber beschäftigt war, welches dieser zu dessen achtzigsten Geburtstag komponiert hatte, erkundigte er sich beim Amt für Kulturpflege, ob er mit einer Beitragsleistung an seinen persönlichen Arbeitsaufwand rechnen dürfe. Der damalige Vorsteher des Amtes war Walter Lendi. Der Kanton hatte an die Aufführungskosten einen Beitrag von 7000 Franken bezahlt und teilte dem Gesuchsteller mit, ein Projekt könne gemäss Grossratsbeschluss nicht zweimal subventioniert werden. Man sei aber bereit, an seinen persönlich geleisteten Arbeitsaufwand betreffend Abschrift der Partituren für die einzelnen Stimmen einen zusätzlichen Beitrag von 3600 Franken zu sprechen, was der Hälfte seiner Zusammenstellung entspreche. Man riet ihm, sich für die Begleichung der Restsumme an die Katholische Administration zu wenden. Johannes Fuchs, empört, zornig, griff zu Papier und Tinte: *Es macht mich krank; es hemmt und lähmt meine sonstige Arbeitslust. Diese «Rechnung» für seit bald vier Monaten noch nicht bezahlte Kopistenarbeit gehört nicht zu mir; sie gehört nicht zum Autor (Paul Huber); sie gehört nicht zum Komitee für die Durchführung der Domkonzerte; sie gehört nicht zum Sekretariat des Katholischen Administrationsrates; sie gehört ganz sicher ins Büro des Amtes für Kulturförderung!* Fuchs verwies auf den Fürsten Esterhazy, welcher das kompositorische Werk Joseph Haydns gefördert hatte; er erinnerte an den Fürstbischof von Salzburg und dessen Mäzenatentum für das geistliche und frühe weltliche Werk Mozarts. Er klagte, übergangen worden zu sein, denn es sei ja wohl klar, dass primär die Förderung des Werkes, insbesondere eines noch nie aufgeführten, notwendig sei. Erst dann komme die Förderung und Unterstützung der Aufführung. Vermutlich sei den mitfördernden Entscheidungsträgern im Amt für Kultur nicht klar, was es heisse, ein Werk uraufzuführen, besonders eben *ein so vielgestaltiges sinfonisch-oratorisches Werk wie das von Paul Huber. Da gehören schon einige Sondererfahrungen dazu; kein Vergleich mit der Aufführung von bestandenen und sogar schon gedruckten sinfonischen Werken. In den vielen Jahren meines Wirkens habe ich manche neue Stücke uraufgeführt; auch einige recht umfangreiche, abendfüllende. Es wäre für Kulturförderer vielleicht nicht uninteressant, einmal einen Blick in meine Werkstatt zu tun.* Nachdem sein Schreiben unbeantwortet geblieben war, versuchte er es telefonisch bei Lendi:

Fuchs: *Hier Fuchs. I suech en Aat de Lendi.*
Lendi: *Isch am Troot. Grüezi Herr alt Domkapellmaischter.*
Fuchs: *Grüezi Herr Lendi. Ich han Ine jo doozmol en Brief gschribe.*
Lendi: *Joo, ales iitroffe. Aber wösset Si, do liget Biige vo Briefe uf mim Pult, bald so hööch wie de Sentis.*
Fuchs: *Aber nöd so wichtig.*
Lendi: *Wie de Sentis?*
Fuchs: *Nai, wie min Brief.*

Auch bezüglich der Skizze, welche der Künstler Franz Rederer von Johannes Fuchs geschaffen hatte, beliess es dieser nicht bei der ersten abschlägigen Antwort der Präsidialabteilung der Stadt Zürich auf seine Bitte: Er wollte die Kohlezeichnung von der Stadt zurückhaben, *sei's gegen Bezahlung, sei's als Geschenk*. Die Stadt hatte sie seinerzeit beim Künstler für 400 Franken erworben. Jean-Pierre Hoby, damals Zentralsekretär der Präsidialabteilung der Stadt Zürich und kurz danach zum Leiter der Abteilung Kultur ernannt, antwortete Fuchs in einem Brief, dass Bilder, welche die Stadt einmal erworben habe, *üblicherweise nur äusserst ungern weitergegeben und schon gar nicht weiterverschenkt werden. Das hängt damit zusammen, dass jedem einzelnen Objekt des Zürcher Kunstbesitzes ein eigener Stellenwert gebührt. Und jedes Werk Teil eines konzeptionellen Ganzen bildet.* Bei der besagten Skizze komme hinzu, dass dieser Maler in der städtischen Sammlung nur sehr schwach vertreten sei und das Porträt *ein besonders wertvolles und gelungenes Exemplar seines Schaffens darstellt.*
Fuchs schrieb zurück, die Sache lasse sich nicht brieflich erledigen und bat um einen Termin für eine Unterredung. Er wies darauf hin, dass das Bild von Franz Rederer auf ganz besondere Weise mit seinem Leben in Verbindung stehe: *Franz Rederer und ich – wir sind Jugendfreunde. Es gab Wochen, Monate, in denen er in meinem Haushalt lebte. Ich habe Kinder, die er oft zeichnete und die ihn ebenfalls, wie ich, liebten. Die Porträt-Skizze stellt mich dar. Solche Skizzen gab es noch mehr. Meistens wurden sie wieder abgekratzt, weil man den Karton wieder für eine neue Mal-Studie brauchte. Wir unterhalten uns hoffentlich bald einmal darüber.*

Nach *langwierigen Abklärungen*, wie ihm schliesslich der Stadtpräsident persönlich mitteilte, sei man zum Entscheid gelangt, *dass Ihnen das genannte Bildnis in absehbarer Zeit von der Stadt Zürich geschenkt wird.* Diese Schenkung sei aufgrund von *Fuchs' Verdienste im Rahmen des kulturellen Lebens der Stadt mehr als gerechtfertigt.*

An einem Wochenende im September 1988 wurde Johannes Fuchs – ein Trost nach der Niederlage in Fribourg – als Ehrenbürger in die Marktgemeinde Ottobeuren aufgenommen; gleichzeitig verlieh man ihm für seine *friedensstiftenden kirchenmusikalischen Bemühungen nach dem Ende des Zweiten Weltkriegs* die Europäische Verdienstmedaille. Erneut stand Bruckner, diesmal dessen e-Moll-Messe, auf dem Festprogramm, aufgeführt vom Kammerchor Zürich und von Bläsern – wie 1869 bei der Uraufführung. Während des Hochamtes dirigierte Fuchs die Messe zu Ehren des Heiligen Nikolaus von Flüe, die Johann Baptist Hilber 1947 für dessen Heiligsprechung komponiert hatte.

> **Der Kaisersaal war für diesen Anlass voller Menschen. Es waren auch zahlreiche Weggefährten, Freunde und Bekannte aus der Schweiz angereist. Bundesrat Arnold Koller war zugegen. Und vorne stand Johannes Fuchs und hielt eine Rede. Dann traten die Appenzeller Stegreifler auf, die vom Hornsepp[17]. Das war einer jener Momente, die es manchmal gibt in der Musik. Alles beginnt zu schweben, die Welt rundherum verschwindet. In dieser Welt wurzelte das Können von Johannes Fuchs. Er erzählte oft von seiner Jugend und auch von Musiktheorien in der Innerrhoder Musik.**
> Markus Kaiser

Zu Beginn der 1990er-Jahre wurde es stiller im Fuchsbau. Johannesli war ausgezogen. Idda Fuchs, 1993 siebzig Jahre alt geworden, beklagte sich in einem Brief an den Katholischen Administrationsrat darüber, dass man ihr ohne Rücksicht auf ihren noch geltenden Vertrag einen Teil der Orgeldienste streichen wolle. Ihr Mann wurde im gleichen Jahr neunzig Jahre alt. Seine heimatliche Kirchgemeinde lud ihn ein, den Geburtstag in Schwende zu verbringen. *Einem unsterblich scheinenden, herausragenden Felsen des Alpsteins gleich, wie eine sturmgepeitschte Bergföhre, die ihre kräftigen Wurzeln wie Zangen um ihre Heimat legt, so stehst du, einer der berühmtesten Söhne Innerrhodens, heute vor uns,* sprach der Festredner.

Nach Idda Fuchs-Heubergers Tod im Jahr 2006 versank das Haus in St. Gallen samt seiner wechselvollen Geschichte in einen Dornröschenschlaf. Bis unters Dach stapeln sich bis heute Bücher und Musikalien. In der Wohnstube, die im Abstand von Jahren zum Sterbezimmer für drei Menschen geworden war, riecht es muffig. Ein Staubfilm liegt wie ein längst zersetztes Leichentuch über dem Mobiliar. Auf der Ablage des Badezimmers steht der Rasierpinsel; ein zerzauster, strubbeliger Wicht, der längst nicht mehr zum Einseifen taugt.

Johannes Fuchs in Hochform.

Das Haus Fuchs: Ein Hort
von Musikalien und Briefen.

Alte Orgelpfeifen, eingepackt
in Zeitungspapier.

Ein letztes Verneigen.

Anmerkungen

1 Markus Kaiser war während 28 Jahren Archivar im Staatsarchiv des Kantons St. Gallen. Er hatte das Lehrerseminar in Rorschach besucht und musste an seiner ersten Lehrerstelle in Oberbüren auch Organistendienste wahrnehmen. Er nahm Orgelunterricht bei Idda Heuberger, trat später dem von Johannes Fuchs im Jahr 1955 gegründeten Ostschweizerischen Studienchor bei und sang im Domchor St. Gallen. Während 14 Jahren nahm er private Gesangsstunden bei Johannes Fuchs. Er war einer seiner engsten Vertrauten und Johannes Fuchs' letzter Gesangsschüler.

2 Aus Emil Dörigs Buch: «Reise in die Vergangenheit», erschienen 2014. Emil Dörigs Vater und Johannes Fuchs waren Schulkameraden gewesen.

3 Die «Gottbegnadeten Künstler», aufgeführt auf einer von Hitler und Goebbels 1944 erstellten Liste, waren vom Kriegsdienst dispensiert, mussten ihr künstlerisches Wirken jedoch nach der Kulturpropaganda ausrichten.

4 Der Kaufmann Hans Sellschopp war noch während der Weimarer Republik der NSDAP beigetreten. Während des Naziregimes war er als nationalsozialistischer Kulturfunktionär Mitglied der SS, und ab 1941 stand er gar im Rang eines SS-Sturmbannführers. Seit Juli 1933 war er Mitglied im «Ausschuss für Programmberatung»; Vorsitzender dieses vom Reichsministerium für Volksaufklärung und Propaganda anerkannten Ausschusses war Wilhelm Furtwängler. 1934 wurde Sellschopp Leiter des Reichsverbandes für das Konzertwesen. Zu seinem Verantwortungsbereich gehörte die Auslandsabteilung. 1938 organisierte er die Tournee der Berliner Philharmoniker in das faschistische Italien. Nach dem Ende des Zweiten Weltkriegs lebte Hans Sellschopp in der Nähe von Kreuzlingen, und war als freiberuflicher Konzertvermittler tätig. Im Jahr 1949 war er der Organisator einer Konzertreise des Zürcher Kammerchores nach Stuttgart und Tübingen. Im Sinne «Musik verbindet die Völker» war er auch die treibende Kraft für die Auftritte des Zürcher Kammerchores und später auch des St. Galler Domchores in der Benediktiner-Abtei Ottobeuren, wo Johannes Fuchs ab 1953 mit seinen Auftritten die grössten Erfolge seiner Musikerlaufbahn erleben sollte. Hans Sellschopp starb 1978 in Bottighofen, Thurgau. (Musikalische Nachschlagewerke)

5 Der Zürcher Verleger Emil Oprecht wurde wegen seines Verlagsprogrammes – er verlegte unter anderem Bücher von verfolgten jüdischen Autoren – und seiner deutlich formulierten abwehrenden Haltung dem Nationalsozialismus gegenüber stark angefeindet. Er war Verwaltungsratspräsident der Neuen Schauspielhaus AG, nachdem das bis dahin als Privatbetrieb geführte Haus 1938 von Ferdinand Rieser verkauft worden war. (Sozialarchiv Zürich)

6 Bernhard Henking war zu Beginn des Zweiten Weltkrieges in die Schweiz zurückgekehrt, wurde Kantor an den reformierten Kirchen in Winterthur und St. Gallen und war ab 1951 bis 1972 Leiter des Zürcher Bach-Chores. (Musikalische Nachschlagewerke)

7 Die «Tat» war eine Schweizer Zeitung, die von 1935 bis 1978 von der Migros herausgegeben wurde und von Gottlieb Duttweiler gegründet worden war. In den ersten vier Jahren ihres Bestehens erschien sie als Wochenzeitung, zu Beginn mit dem Untertitel «Wochenpost der sieben Unabhängigen», später als «Wochenpost des Landesrings der Unabhängigen». Ab 1939 kam sie als Tageszeitung mit einer Kulturbeilage heraus. Der damalige Chefredaktor Max Rychner hatte ab 1947 erstmals Gedichte des damals 27-jährigen, noch unbekannten Paul Celan abgedruckt und den

grossen jüdischen Lyriker, der sich später in Paris das Leben nahm, einer breiten Öffentlichkeit bekannt gemacht. (Archiv Migros)

8 Der in St. Gallen als Anwalt tätig gewesene Karl Eberle, Oberst im Militär, war eine prominente Persönlichkeit. Er hatte sich unter anderem um die Renovation der St. Galler Kathedrale bemüht. Als Staatsanwalt hatte Eberle für Ernst S. – der Fall wurde von Niklaus Meienberg recherchiert und in Form von Zeitungs- und Magazinbeiträgen, in Buchform und als Dokumentarfilm aufgearbeitet und nacherzählt – den Tod, *evtl. lebenslängliches Zuchthaus* verlangt. Ernst S., ein im sanktgallischen Sittertobel aufgewachsener, aus ärmlichen Familienverhältnissen stammender, harmloser Sonderling, war im November 1942 im Alter von 23 Jahren nach einem haarsträubenden Prozess als Landesverräter verurteilt und erschossen worden. (Kantons- und Stadtbibliothek St. Gallen)

9 Robert Blum und Johannes Fuchs kannten sich von der Musikakademie Zürich, wo beide einen Lehrauftrag hatten. Im Gegensatz zu Fuchs hinterliess der drei Jahre ältere Blum, er starb 1994, ein weit gefächertes kompositorisches Werk. Unter anderem schrieb er die Filmmusik für zahlreiche Schweizer Filme, darunter für «Heidi»; «Uli der Knecht», «Uli der Pächter» und «Anne Bäbi Jowäger». (Musikalische Nachschlagewerke)

10 Leiter jener Festwochen sollte der deutsche Komponist und Dirigent Wilhelm Furtwängler werden, der bis zu seinem Prozess vor dem Säuberungsgericht als «Nazi-Musiker» galt. Der Skandal um seine geplante Berufung zog sich in Luzern und Zürich bereits seit 1943 hin. Schweizer Medien hatten darüber berichtet, dass die in Oslo anberaumten, von Furtwängler zu dirigierenden Konzerte eine Welle des Unmuts entfacht hatten und daraufhin abgesagt worden waren. Furtwängler war während des Dritten Reiches von Göring zum preussischen Staatsrat ernannt und 1944 in die von Josef Goebbels und Adolf Hitler zusammengestellte Sonderliste der wichtigen deutschen Künstler, die Gottbegnadeten-Liste, aufgenommen worden. Als dann in der Schweiz das Gerücht herumgereicht wurde, Furtwängler solle die Leitung der Internationalen Musikfestwochen übertragen werden, reagierten zahlreiche Menschen mit Protestschreiben gegen den Auftritt eines *Exponenten eines totalitären Systems, wo auch die Kunst nur der Politik zu dienen hat.*

Bundesrat Philipp Etter, Nachfolger des ebenfalls nazifreundlichen Jean-Marie Musy, bemühte sich in einem Brief an den Luzerner Stadtpräsidenten Max Wey um Klärung. Wey dementierte das Gerücht um die geplante Anstellung Furtwänglers umgehend. Dieser kam dann doch, wenn auch nur als Dirigent, an die Luzerner Festwochen. Seine zwei Beethoven-Konzerte waren in kürzester Zeit ausverkauft. Otto Maag, damals Korrespondent für die in Basel erscheinende Nationalzeitung, war der einzige, der es wagte, kritisch über den Auftritt Furtwänglers zu schreiben. Die Folge war, dass das von Maag aus dem Dänischen ins Deutsche übertragene Theaterstück von Kay Munk um den freiheitsliebenden Niels Ebbesen, bereits im Spielplan des Luzerner Stadttheaters eingetragen, gestrichen wurde. Journalistenkollege Friedrich Wagner liess sich gar zu einem persönlichen Brief gegen Maag an den Stadtpräsidenten Wey hinreissen: *Hinter diesem Treiben steckt unter anderem ein in Basel niedergelassener Verleger nichtarischer Rasse, der fortwährend gegen Furtwängler hetzt und auf Maag ohne Zweifel heftig einwirkt.*

Ein weiterer Gegner Maags schrieb an Wey: *Sein Kompagnon Dr. Eger ist der geborene schmuselige, arrogante Wiener Jude.* Maag, vor seiner Zeit als Musikkorrespondent als protestantischer Pfarrer in Deutschland tätig, wurde in Basel auch als *Rosenkavalier* bezeichnet, weil er beim Rosenklau in einem Park erwischt worden war.

In einer öffentlichen Stellungnahme wehrte sich der Schweizerische Schriftsteller Verband gegen den Boykott des von Maag übersetzten Stücks. Und die Arbeiter-

zeitung Basel nahm ihn in einem am 8.November 1944 erschienen Artikel ebenfalls in Schutz, denn: Furtwängler habe sich *wie kein zweiter Künstler von Format den kulturpolitischen Bedingungen der Nazis unterworfen.*
Maag selber lässt sich nicht einschüchtern: Am 2. Januar 1945 kritisierte er in der Nationalzeitung die Wahl des deutschen Geigers Georg Kulenkampff als Leiter des Luzerner Konservatoriums, der ebenfalls auf jener Gottbegnadeten-Liste stand. Noch im gleichen Monat ging beim Zürcher Regierungsrat ein Schreiben des Stadtrats ein mit dem Anliegen, die für den Februar in Zürich geplanten Konzerte von Wilhelm Furtwängler zu verbieten. Das Medienecho auf das Eintreten auf dieses Gesuch war enorm und fast ausschliesslich pro Regierungsrat; das Luzerner Tagblatt indes schrieb von einer *Kapitulation der Zürcher Behörden*. Ein Jahr später wurden auch in Wien Auftritte von Furtwängler verboten; dessen Asylgesuch in der Schweiz wurde abgelehnt. Vor dem Säuberungsgericht kam es zu einem Freispruch für den deutschen Dirigenten. (Stadtarchiv Luzern)

11 Oskar Wälterlin hatte 1938 die Leitung des Schauspielhauses Zürich übernommen. Sechs Jahre zuvor war er, damals Direktor des Stadttheaters Basel, wegen seiner Homosexualität entlassen worden. Vor und während des Zweiten Weltkrigs machte Wälterlin sich gemeinsam mit dem Dramaturgen Kurt Hirschfeld für die im faschistischen Deutschland verfolgten Autoren stark. Zu seinem Ensemble gehörten unter anderen Therese Giehse, Ernst Ginsberg, Maria Becker. Max Frisch und Friedrich Dürrenmatt erlebten Uraufführungen ihrer Stücke an dem Haus und wurden so einer breiten Öffentlichkeit bekannt. Wälterlin leitete das Schauspielhaus bis zu seinem Tod 1961. (Archiv Schauspielhaus Zürich)

12 Der 1919 in Davos geborene Ernst Häfliger war einer der ganz grossen Bach-Interpreten. Johannes Fuchs gehörte zu seinen frühen Förderern. Fuchs kannte Häfliger vom Konservatorium in Zürich, wo dieser Gesang und Geige studierte. Michael Häfliger, einer seiner Söhne, leitet heute das Lucerne Festival. (Musikalische Nachschlagewerke)

13 Die rechtlichen Voraussetzungen für das «erste schweizerische Berufstheater mit Dreispartenangebot» waren 1805 aufgrund der Initiative des damaligen Landammanns ausgearbeitet worden. Karl Müller-Friedberg war zwei Jahre zuvor, bei der Gründung des Neuen Kantons, durch die Mediationsakte von Napoleon Bonaparte in dieses Amt berufen worden. Es dauerte nochmals beinahe 50 Jahre, bis der Baumeister Johann Christoph Kunkler den Bau des ersten Stadttheaters am St. Galler Bohl in Angriff nahm, wo von 1859 bis 1968 Schauspiele und ab 1923 unter Kapellmeister Richard Neumann auch Tanzabende und Opern zur Aufführung kamen. Nach Ende des Zweiten Weltkrigs wurde bekannt, dass sich unter den Mitgliedern des Ensembles drei Mitglieder der Nationalsozialistischen Partei befanden. Alle drei wurden Ende der Spielzeit 1945 entlassen. Ab 1968 wurde in dem von Architekt Claude Paillard entworfenen und neu erbauten Stadttheater im Museumsquartier gespielt. (Kantonsbibliothek St. Gallen)

14 Der Briefwechsel ist nicht ohne Brisanz, handelte es sich doch bei Brünhilde Meurer just um jene Person, über die ihr Sohn, der Filmemacher Thomas Hämmerli, den mehrfach preisgekrönten und sehr kontrovers diskutierten Dokumentarfilm mit dem Titel «Sieben Mulden und eine Leiche» drehte. Er thematisiert – und zeigt ungeschönt – die zugemüllte Wohnung der völlig verwahrlosten Mutter, die seit Jahren den Kontakt zur Familie abgebrochen hatte und alle Hebel in Bewegung setzte, um Besucher aus ihrer Wohnung fernzuhalten. Das Räumen der Messiewohnung – eine schier nicht zu bewältigende Aufgabe für die beiden hinterbliebenen Söhne – fördert eine siebzigjährige Familiengeschichte zutage: Mutter Brünhilde, früher

künstlerisch tätig, posiert mit hohen Nazioffizieren, mit Baronen und breitschultrigen Gigolos.

15   Als junge Frau war Hilde W. als ausgebildete Säuglingsschwester tätig gewesen; später lebte sie fast ein Jahrzehnt in Paris, wo sie sich zur Modezeichnerin hatte ausbilden lassen. Zurück in Zürich arbeitete sie als Fotografin – unter anderem für die ETH und aushilfsweise als wissenschaftliche Zeichnerin am Unispital. Nach dem Tod ihrer Mutter musste sie ins Geschäft ihres Vaters für Herrenbekleidung in Zürich eintreten. Sie wurde einer breiteren Öffentlichkeit bekannt, als sie sich in hohem Alter an einem Architekturwettbewerb für ein Altersheim beteiligte. Sie starb im Alter von 103 Jahren in Zollikon. (Sozialarchiv Zürich)

16   Ein Vorfahre Ruedi Mettlers, Johann Arnold Mettler, war ein Hitler-Bewunderer gewesen und hatte sich auf politischer Ebene aktiv für die Freilassung von Schweizer Faschisten eingesetzt, denen Landesverrat vorgeworfen worden war. Sein Sohn Hannes hatte in der Waffen-SS gedient und war 1941 in Russland ums Leben gekommen. (St.Galler Kantonsgeschichte)

17   Hornsepp: Appenzell Innerrhoder Volksmusikant, der Komponist und Musiklehrer Josef Dobler.

Umschlagbild: Michael Etzensperger, «Ohr», 2011, Fotoemulsion auf Papier / Briefzeilen Johannes Fuchs

Porträts Marianne Fuchs, Ursula C.-Fuchs, Peter Fuchs, Johannes Fuchs Junior; Daniel Fuchs; Haus Rotmonten im heutigen Zustand sowie Bilder Schwende: Benjamin Manser.

Alle übrigen Bilder und Originaldokumente: Privatbesitz.

Bei Briefzitaten ohne Datum: keine Angabe im Original.

Die Dialoge und nichtdokumentarischen Erzählpassagen sind frei erfunden.

Dank

Meinen besonderen Dank für ihr Vertrauen und ihre Offenheit richte ich an
Johannes Fuchs Junior
Daniel Fuchs
Marianne Fuchs
Ursula C.-Fuchs
Peter Fuchs
Markus Kaiser

Weiter bedanke ich mich ganz herzlich für die professionelle Unterstützung und Begleitung bei
Yvonne und Marcel Steiner und dem ganzen Team des Appenzeller Verlags
Dr. phil. Rainer Stöckli
Dr. phil. Karin Huser, Staatsarchiv des Kantons Zürich
Ursula Hasler fürs Transkribieren der in alter deutscher Handschrift verfassten Briefe
 der Mutter Magdalena Fuchs-Hautle
Nora Schmid für ihre wertvolle und effiziente Assistenz
Felix Schmid und Norbert Schmuck fürs Gegenlesen, Zuhören und Debattieren

Brigitte Schmid-Gugler, März 2016

Brigitte Schmid-Gugler, 1956 geboren und aufgewachsen im Freiburger Senseland, war zunächst Theaterschaffende und arbeitete nach ihrer Zweitausbildung als freie Journalistin für verschiedene Tageszeitungen, Magazine und Buchpublikationen. Heute ist sie als Teilzeit-Kulturredaktorin und Autorin beim St. Galler Tagblatt und für andere Medien tätig. Von ihr erschienen Reportagen aus Westafrika, Rumänien, Bangladesh, dem Kosovo und Italien sowie Bücher «Getroffen» (2004), «100 wahre Geschichten» (2009), «Und er gab mir einen Stein» (2010), «Turmgeschichten» (2011) und «Das Geheimnis der Heie» (2012). Sie lebt in St. Gallen.